ARHOSWCH FYMRYN ETO

Arhoswch Fymryn Eto
Cyhoeddwyd yng Nghymru yn 2023 gan Graffeg.

Graffeg Cyf., 24 Canolfan Fusnes Parc y Strade,
Heol Mwrwg, Llangennech, Llanelli,
Sir Gaerfyrddin, SA14 8YP.
www.graffeg.com

Cyhoeddwyd gyntaf yn 2022 yn y Deyrnas Unedig
dan y teitl *Stay a Little Longer* gan Barrington Stoke.

Addasiad Mared Llwyd

ISBN 9781802584493

Cyhoeddwyd gyda chymorth ariannol Cyngor Llyfrau Cymru
www.gwales.com

ARHOSWCH FYMRYN ETO

BALI RAI

GRAFFEG

PROLOG

Fe ysgrifennais i lythyr at Dad cyn iddo fe farw. Hwnnw oedd yr ail lythyr i fi ei ysgrifennu erioed. Roedd y cyntaf, at Siôn Corn, wedi ei ysgrifennu mewn pen ffelt porffor a'i gyfeirio i Wlad yr Iâ. Roeddwn i'n chwech oed.

Fe ysgrifennais i fy ail lythyr – yr un at Dad – pan oeddwn i'n ddeuddeg. Roedd e wedi bod yn sâl ers blwyddyn. Ar y dechrau, roedd e'n ymddangos yn ocê. Weithiau roedd ei driniaeth e'n ei wneud e'n sâl, ond dim byd rhy wael. Yna fe waethygodd e. Dwi'n ei gofio fe'n mynd mewn ambiwlans. Ar ôl hynny, fe arhosodd e yn yr ysbyty. Fe gollodd e gymaint o bwysau fel bod ei esgyrn e'n sticio allan, ac fe aeth e'n foel.

Roedd Dad yn crio ac yn dweud wrtha i ei bod yn flin gyda fe drwy'r amser. Ond roeddwn i'n gwybod nad ei fai e oedd e.

"Paid â bod yn sori," dywedais wrtho. "Byddi di'n teimlo'n well o lawer cyn bo hir."

Ond roeddwn i'n gwybod nad oedd hynny'n wir chwaith. Ar ôl un o'r ymweliadau â'r ysbyty, daeth Mam i eistedd gyda fi a thrio esbonio beth oedd yn digwydd. Dim ond nodio wnes i. Fe geisiodd Mam ddweud y pethau iawn. Ceisio aros yn ddigynnwrf. Ond doeddwn i ddim eisiau iddi wneud. Roeddwn i *eisiau* i Mam fod yn drist, achos roedd hynny'n onest. Dwi'n casáu pan mae pobl yn ceisio fy ngwarchod i rhag pethau. Ac roeddwn i'n drist hefyd – dwi'n dal i fod. Na, mae hynny'n anghywir. Roeddwn i'n *fwy* na thrist. Roeddwn i'n teimlo'n wag ar y tu mewn. Roedd y byd o fy nghwmpas i'n parhau i symud, ac roeddwn i'n teimlo fel dieithryn. Fedrwn i ddim meddwl yn iawn. Fedrwn i ddim blasu fy mwyd, hyd yn oed.

Welodd Dad mo'r llythyr. Buodd e farw cyn i fi fod yn ddigon dewr i'w ddangos e iddo fe. Roedd hynny dros flwyddyn yn ôl bellach, ond mae'r llythyr gyda fi o hyd. Dydy e ddim yn hir iawn. Dydy e ddim yn dweud dim byd anhygoel na chlyfar. Dim ond fy meddyliau i sydd ynddo fe, wedi eu rhoi mewn geiriau.

Doeddwn i ddim eisiau i Dad ein gadael ni, i fy ngadael i. Doeddwn i ddim eisiau iddo fe fod mewn cymaint o boen. Roeddwn i eisiau iddo fe aros. Roeddwn i eisiau iddo fe fod y Dad roedd e cyn i bethau fynd o'u lle. Doeddwn i ddim ond eisiau iddo fe aros fymryn eto...

1

“*Beth?*” gofynnodd y bachgen tal i fi. “Pwy sy’n galw eu ci yn Mali? Typical o ferch!”

Roedd y bachgen yn gwenu ond nid mewn ffordd dda. O amgylch ei geg lydan roedd ganddo farf fechan a hongiai oddi ar ei ên. Roedd ei wên yn fy atgoffa i o afr. Edrychais i fyny ac i lawr y llwybr, gan obeithio gweld oedolyn. Ond roedd y parc oer, heulog yn rhyfedd o wag am brynhawn dydd Sadwrn. Fel arfer roeddwn i’n hoffi hynny, ond dim heddiw.

“Byddai fy nghi i’n rhoi crasfa i dy gi di,” ychwanegodd ei fêt. Roedd e’n fach a phlorog, â gormod o gel yn ei wallt. Estynnodd am ei ffôn a dechrau ein ffilmio ni.

“YouTube, yn dyfe!” meddai ei ffrind.

Roedd y bechgyn yn Asiaid, fel fi. Roedd y ddau’n gwisgo capiau a siacedi puffa du, gyda jîns tyn a threinyrs. Fel pe bai’n rhyw fath o iwnifform.

“Jest ewch o ’ma!” meddwn i wrth i fi geisio dyfalu pam roedden nhw’n pigo arna i.

Wnaethon nhw ddim gwrando. Dyma’r bachgen tal

yn cicio Mali. Fe wnaeth hi sŵn nadu a chuddio y tu ôl i fy nghoesau i. Dim ond ci bach oedd hi – fy anifail anwes newydd i.

"Gadewch lonydd i Mali!" gwaeddais.

"Ci twp, enw cachu," meddai'r bachgen tal.

Dechreuais gerdded i ffwrdd, ond fe gydiodd e yn nhennyn porffor Mali.

"*GAD IDDI FYND*!" sgrechiais.

"Tria wneud i fi!" meddai e, gan fy ngwthio i o'r ffordd.

Dechreuais i grio, a wnaeth e ddim byd ond chwerthin arna i.

"*Beth y'ch chi'n ei wneud?*" clywais rywun yn gweiddi.

Rhuthrodd dyn hŷn tuag aton ni. Roedd e'n gyfarwydd – roedd e newydd symud mewn i dŷ ar yr un stryd â Mam a fi. Ond doeddwn i erioed wedi siarad ag e o'r blaen. Roedd e'n stocyn byr ac roedd golwg grac arno fe. Roeddwn i'n falch o'i weld e.

"Rhed!" meddai'r bachgen tal wrth iddo ollwng tennyn Mali. "Rhed cyn i Tad-cu ein cnoi ni gyda'i ddannedd gosod!"

Safodd y dyn hŷn rhwng y bechgyn a fi.

"Beth sy'n bod arnoch chi?" gofynnodd. "Pam y'ch chi'n

pigo ar blentyn?"

Rhegodd y bachgen tal.

"Ti moyn tro, mêt?" gofynnodd wrth iddo gau ei ddyrnau'n dynn.

Ysgydwodd yr hen ddyn ei ben. Roedd ei freichiau'n drwch o gyhyrau, ac roedd ei ddwylo'n anferth.

"Paid â gwneud i fi chwerthin," meddai. "Bant â ti, grwt, cyn i fi wneud rhywbeth y bydda i'n ei ddifaru."

Siaradodd y bachgen lleiaf.

"Alli di ddim cyffwrdd â ni!" meddai e. "Wedi dy ddal di ar gamera, yn do?"

Trodd y dyn, ac roeddwn i'n gallu ei weld yn well. Roedd ganddo wallt llwyd byr a chraith ar draws ei foch chwith. Roedd ei lygaid yn frown golau â brychni gwyrdd ynddyn nhw.

"Anwybydda'r ffyliaid yna," meddai wrtha i. "Wyt ti'n ocê?"

"Ydw, dwi'n meddwl," meddwn i.

Roedd golwg flin ar y bechgyn am eu bod nhw'n cael eu hanwybyddu. Rhegodd yr un tal eto, ond wnaeth y dyn ddim ymateb. Felly dyma nhw'n diflasu ac yn gadael.

"Ddylwn i alw'r heddlu?" gofynnodd yr hen ddyn.

"Fe af i adref," meddwn i. "Dwi 'mond yn byw i fyny'r ffordd."

"Dwi'n gwybod," meddai e. "Dwi wedi dy weld di o gwmpas y lle. Galla i ffonio dy dad, os wyt ti eisiau?"

Ysgydwais fy mhen.

"Na," dywedais. "Dwi...yn..."

"O'r gorau," atebodd y dyn. "Ond fe gerdda i gyda ti, jest rhag ofn..."

Roeddwn i'n gwybod bod angen bod yn ofalus gyda dieithriaid, ond doedd y dyn ddim yn ddieithryn. Roedd e'n gymydog ac roedd golwg garedig arno. Fe feddyliais i am rywbeth ddysgodd Dad i fi. Mae'r rhan fwyaf o bobl yn bobl iawn, meddai. Does ond angen i ti roi cyfle iddyn nhw. Gwenais ar fy nghymydog a nodio.

"Dwi'n meddwl y byddai hynny'n ocê," dywedais wrtho. "Aman ydw i."

"Braf cwrdd â ti, Aman," meddai. "Gurnam Singh ydw i. Mae dy enw di'n enw Pwnjabaidd, fel fy enw i."

Codais fy ysgwyddau ond wnes i ddim ateb. Penliniodd Gurnam i anwesu Mali. Roedd hi'n ansicr ohono am eiliad ond fe ymlaciodd o fewn dim. Cnôdd Mali ei fysedd e'n chwareus ac ysgwyd ei chynffon.

"Roeddwn i wastad eisiau *golden retriever*," dywedodd Gurnam wrtha i. "Fel y rhai yn yr hysbysebion papur tŷ bach yna..."

"Labrador yw Mali," esboniais, gan obeithio nad oeddwn i'n swnio'n ddigywilydd. "Dyna'r ci sydd yn yr hysbysebion. Ond mae pobl yn aml yn drysu rhwng y ddau frid o gi."

"Wir?" gofynnodd Gurnam. "Doeddwn i ddim yn gwybod hynny."

"Oeddech chi'n dwli ar yr hysbysebion yna pan oeddech chi'n ifanc hefyd?" Dyna oedd fy hoff hysbysebion i. Dyna pam dewisais i Mali.

"Ha ha – oeddwn," atebodd Gurnam. "Ond roedd hynny amser maith yn ôl."

Pan gyrhaeddon ni adre ac fe agorodd Mam y drws, roedd golwg syn arni.

"Ym... *helô*," meddai Mam wrth i Mali fownsio heibio iddi, gan glepian cyfarth.

"Haia, Mam," dywedais. "Dyma Gurnam – mae e'n byw ar bwys tŷ ni."

"Ydy," meddai Mam. "Dwi wedi ei weld e ar hyd y lle. Ond beth sy'n digwydd...?"

"Roedd rhyw fechgyn mawr yn gas wrth Mali," esboniais. "Fe helpodd Gurnam fi."

Trodd wyneb Mam yn galed.

"Pa fechgyn?" gofynnodd. "Gest ti eu henwau nhw?"

"Dim ond rhyw dwpsod," dywedodd Gurnam wrthi. "Gobeithio nad oes ots gyda chi 'mod i wedi cerdded adre gydag Aman."

"Dim o gwbl," dywedodd Mam. "Diolch. Rydych chi'n garedig iawn."

"Byddwn i wedi eich ffonio chi neu eich gŵr ond roedd Aman i'w gweld yn iawn."

Gwenodd Mam yn drist ac ateb, "Dim ond fi ac Aman sydd. Dydy ei thad hi... dydy e ddim o gwmpas mwyach."

Nodiodd Gurnam.

"Wel," meddai. "Gwell i fi fynd. Pleser cwrdd â chi'ch dwy."

"Fe ddylen ni ddiolch i chi'n iawn," meddai Mam. "Pam na ddewch chi draw i gael swper ryw noson?"

Gwenodd Gurnam. "Byddai hynny'n hyfryd."

Gwyliais wrth iddo adael.

"Am ddyn clên," meddai Mam.

"Ie," dywedais. "Ga i McDonald's i swper? *Plis...?*"

Ysgydwodd Mam ei phen.

"O ystyried faint o nygets cyw iâr rwyt ti'n eu bwyta, byddi di'n troi mewn i un," meddai. "Fe gei di risoto a salad gyda fi."

Edrychais ar Gurnam cyn imi gau'r drws. Stopiodd a throi. Ond nawr doedd e ddim yn gwenu. Roedd e jest yn edrych yn drist.

2

Yn yr ysgol, fe ddywedais i wrth Lois am y bechgyn oedd wedi ymosod ar Mali.

"Mae hynny'n ofnadwy," atebodd Lois.

Lois oedd fy ffrind gorau. Ond, a bod yn onest, hi oedd fy unig ffrind. Roeddwn i'n adnabod Lois ers i ni fod yn fabis. Roedd gen i ffrindiau eraill yn yr ysgol gynradd, ond fe stopiais i siarad â nhw pan aeth Dad yn sâl. Ar ôl i Dad ein gadael ni, wnes i ddim siarad o gwbl am sbel, a Lois oedd yr unig ffrind a gadwodd gysylltiad â fi. Roedd mam-gu Lois, Olwen, yn byw drws nesaf i ni. Roedd hi fel mam-gu i fi, hefyd.

"Pam roedden nhw eisiau gwneud dolur i beth bach mor ciwt â Mali?" gofynnodd Lois. "Ffyliaid twp!"

Fe glywodd Mrs Cooper hi a dweud "Lois!"

"Sori, Miss," meddai Lois.

Roedd hi wedi clymu ei gwallt tywyll syth mewn *ponytail* ac roedd ei llygaid brown golau yn disgleirio y tu ôl i'w sbectol dywyll. Roedd siâp llygaid Lois yn dod o deulu ei thad, oedd o Tsieina. Ond roedd ei rhieni wedi ysgaru, felly doedd hi ond yn gweld ei thad unwaith y mis.

"Wyt ti'n gwybod eu henwau nhw?" sibrydodd Lois wrtha i.

"Na," atebais. "Dim ond bois lleol ydyn nhw. Dwi wedi eu gweld nhw o'r blaen. Beth bynnag, does dim ots nawr."

"Ond beth os byddan nhw'n gwneud eto?" gofynnodd Lois.

Roeddwn i wedi bod yn poeni am hynny ers nos Sadwrn. Roeddwn i wedi cael hunllefau am y peth. Ond roeddwn i heb ddweud wrth Mam. Roedd hi wedi bod o dan ddigon o straen yn ddiweddar.

Galwodd Mrs Cooper fi draw a dweud, "Mae Mrs Rhys yn dweud dy fod di'n helpu gyda'n prosiect Gardd Gymunedol ni, Aman?"

Nodiais.

"Wyddwn i ddim dy fod di'n arddwraig," ychwanegodd Mrs Cooper.

"Fe ddywedodd Mrs Rhys y byddai'n gwneud lles i fi," dywedais, gan fod yn onest.

Gwenodd fy athrawes ddosbarth a dweud, "Dwi'n siŵr y bydd e. Mae'n ddefnyddiol cael hobi."

"Roedd Dad yn arfer garddio," dywedais. Roeddwn i'n cofio sut roedd e'n arfer cerdded mewn i'r tŷ yn gwisgo bŵts mwdlyd a Mam yn rhoi stŵr iddo. A byddai'n wincio arna i a thynnu wyneb i wneud i fi chwerthin.

"Rhedeg yn y teulu, felly," atebodd Mrs Cooper.

"Am wn i, Miss," dywedais.

Pan gyrhaeddais i adre, cyfarthodd Mali'n falch. Sgrialodd tuag ata i a llithro ar ei phen-ôl.

"Haia, ti," dywedais, gan roi cwtsh iddi.

Gwthiodd Mali ei thrwyn yn fy erbyn i. Ffroenais ei phen, fel roedd Dad yn arfer ffroeni fy un i pan oeddwn i'n fach. Bydden ni'n gwylio *Guto Gwningen* gyda'n gilydd, a byddwn i'n rwbio fy mhen ar ên blewog Dad.

"Ti'n drewi," dywedais wrth Mali. "Hynny yw, yn *wael...*"

Es i i fyny i fy ystafell a dechrau ar fy ngwaith cartref. Neidiodd Mali ar fy ngwely a gorwedd arno, ei chynffon yn ysgwyd.

"Fe wna i chwarae gyda ti wedyn," dywedais wrthi.

Ond fedrwn i ddim canolbwyntio. Ar ôl i Dad fynd, roedd fel pe bai cwmwl tywyll o iselder yn fy nilyn i i bobman. Y dyddiau hyn roedd e'n fwy llwyd na du, ond roedd e'n dal i bwyso arna i weithiau. Symudais at fy ngwely, cydio yn Mali, a thrio diffodd fy meddyliau tywyll.

"Am wn i, dylwn i fynd â ti am dro," dywedais ar ôl ychydig.

Ond doeddwn i ddim eisiau. Roeddwn i eisiau cau'r byd i gyd allan. Tynnais Mali hyd yn oed yn agosach, a dechreuodd lyfu fy wyneb.

"Dere 'mlaen, te!" ochneidiais.

Arhosais yn wyliadwrus wrth i ni gerdded, rhag ofn y byddai'r bechgyn yna'n ymddangos. Doeddwn i ddim yn ofnus, mewn gwirionedd, dim ond yn wyliadwrus. Ar ôl ychydig, fe gerddais yn ôl ar bwys y parc, heb fynd i mewn iddo. Roedd hi'n oeri, ac roeddwn i'n gwisgo fy ngwisg ysgol o hyd. Cosodd dafnau bach o law fy wyneb.

Yna dechreuodd Mali dynnu ar y tennyn.

"Beth sy'n bod?" gofynnais iddi.

Dechreuodd glepian cyfarth ar rywbeth yr ochr arall i reilin y parc.

"Wyt ti wedi gweld gwiwer?" gofynnais.

Dechreuodd Mali dynnu'n galetach.

"Mali!" gwaeddais.

Ac yna, gwelais Gurnam. Roedd e'n eistedd ar ei ben ei hun ar fainc yn y parc. Rhedodd Mali ato a chlepian yn hapus. Dilynais hi trwy'r giât.

"Haia," dywedais.

Nodiodd Gurnam. Doedd e ddim wedi siafio ac roedd e'n edrych wedi ymlâdd. Edrychai ei lygaid yn boenus, fel pe bai wedi bod yn crio neu rywbeth.

"Helô, eto," atebodd Gurnam mewn llais lleddf. Anwesodd Mali ond doedd ganddo ddim llawer o ddiddordeb ynddi – nac ynof i.

"Diolch am y diwrnod o'r blaen," dywedais. "Roeddech chi'n garedig iawn."

"Dim problem." atebodd Gurnam wrth i Mali ymlwybro 'nôl ata i.

Edrychai'n drist eto, a dechreuais feddwl tybed pam.

"Ydych chi'n iawn?" gofynnais, heb feddwl. Wedi'r cyfan, doedd e'n ddim o fy musnes i.

"Dwi ddim yn gwybod," dywedodd wrtha i. "Weithiau dwi jest..."

Stopiodd Gurnam ac ysgwyd ei ben.

"Paid â phoeni amdana i," atebodd. "Dim ond hen ddyn dwl ydw i."

"Wel, os ydych chi byth..." dechreuais, ond doeddwn i ddim yn gwybod beth roeddwn i eisiau ei ddweud. Dyma'r geiriau'n marw yn fy llwnc i.

"Os ydw i byth beth...?" gofynnodd Gurnam.

"Does dim ots," dywedais. "Roedd hi'n hyfryd eich gweld chi."

"Ti hefyd," atebodd.

Dechreuais gerdded i ffwrdd, ond achosodd rhywbeth i fi stopio. Cofiais am Dad yn dweud wrtha i ynglŷn â charedigrwydd. Dywedodd nad yw'n costio dim. Ac weithiau dydy bywyd ddim yn hawdd. Os gallwn ni helpu pobl eraill ar hyd y ffordd, fe ddylem ni. Trois yn ôl at Gurnam.

"Rydyn ni'n cael pasta i de," dywedais wrtho. "Hoffech chi ddod draw?"

Arhosais i Gurnam ddweud na, ond wnaeth e ddim. Yn lle hynny, safodd a sychu â'i ddwylo ei jîns glas oedd wedi colli eu lliw.

"Dwi ddim yn meddwl y byddai dy fam eisiau'r drafferth," meddai.

“Ond fe ofynnodd hi i chi ddod draw,” atgoffais ef. “Dydd Sadwrn, ar ôl i chi gerdded adre gyda fi?”

“Wyt ti’n siŵr?” gofynnodd Gurnam.

Nodiais.

“O’r gorau,” meddai. “Dwi’n hoffi pasta.”

3

’Nôl gartref, roedd golwg bryderus ar Mam pan agorodd y drws.

“Oes rhywbeth arall wedi digwydd?” gofynnodd wrth edrych arna i ac yna ar Gurnam. Roedd ei hwyneb yn llawn pryder.

“Does dim byd wedi digwydd!” dywedais wrthi. “Fe welais i Gurnam a gofynnais iddo ddod draw i gael te gyda ni. Ydy hynny’n iawn?”

Gwenodd Mam.

“Wrth gwrs,” atebodd. “Croeso, Gurnam. Dwi wastad yn falch o ddod yn ffrind i gymydog. Gorau po fwyaf.”

“Pwy sy’ ’ma?” gofynnais.

“Olwen a Lois,” meddai Mam. “Sut ydych chi, Gurnam?”

“Dwi’n iawn,” meddai. “Ond dwi ddim eisiau bod yn drafferth. Galla i fynd adre.”

“Nonsens!” atebodd Mam. “Beth bynnag, dwi wedi gwneud digon o basta i fwydo byddin.”

Tynnais wyneb.

“Mae Mam wastad yn gwneud gormod o fwyd,” dywedais, fel jôc. “Mae e fel pe bai ganddi obsesiwn â gwneud bwyd. Mae gyda ni fwy o basta yn ein tŷ ni na’r Eidal i gyd!”

“Wel, os ydych chi’n siŵr,” meddai Gurnam.

Cerddais mewn i’r ystafell fyw, lle roedd Olwen a Lois yn gwylio’r teledu.

“Haia!” dywedais wrth Lois.

“Ssh!” meddai Lois. “Dwi ddim yn gallu clywed y teledu!”

Fel arfer, roedd Lois wedi gwneud ei hun yn gartrefol.

“Ai fy slipers i yw’r rheina rwyt ti’n eu gwisgo?” gofynnais iddi.

Edrychodd Lois ar ei thraed a thynnu wyneb.

“Ie, dwi’n meddwl,” meddai. “Maen nhw’n rhy fawr i fy nhraed twt i.”

Gwenodd Olwen. Roedd hi yn ei phumdegau, â gwallt byr, golau oedd yn britho a llygaid glas golau.

“Anwybydda Lois a dere i eistedd gyda fi,” meddai Olwen. “Dwi heb dy weld di ers...”

“Ym... ddoe?” atebais.

Ond fe es i draw at Olwen a suddo i'r cwtsh enfawr a gynigiodd i fi. Nid dim ond mam-gu Lois oedd hi – roedd hi'n fy ngwarchod i, hefyd. Roedd hi fel mam-gu i *fi* – yn prynu anrhegion pen-blwydd a Nadolig i fi, ac yn dathlu Diwali gyda ni. Roeddwn i'n ei charu hi.

"Fe wnes i wahodd Gurnam draw," dywedais wrth Olwen a Lois.

Cododd Olwen un o'i haeliau. Roedd hi'n gwybod am y bechgyn yn y parc.

"Y dyn hyfryd a helpodd ti ddydd Sadwrn ti'n feddwl?" meddai.

Nodiais.

"*Oooo!*" meddai Olwen. "Ydy e'n olygus?"

"*Mam-gu!*" cwynodd Lois. "Paid â bod mor afiach! Dydy hen bobl ddim yn gwneud y math yna o beth!"

Fe ddechreuon ni chwerthin wrth i Mam a Gurnam ddod mewn i'r ystafell. Roedd golwg wedi drysu ar Gurnam ac fel pe bai ychydig o gywilydd arno, ac ysgydwodd Mam ei phen.

"Peidiwch â phoeni am y tri yma," dywedodd Mam wrtho. "Maen nhw wastad fel hyn."

Gwyliais Olwen yn edrych ar Gurnam. Lledaenodd ei llygaid a gwenodd.

“Golygus, ’te?” sibrydais wrthi.

“O la la!” sibrydodd Olwen yn ôl. “Croeso i’r gymdogaeth!”

Wrth i’r pump ohonom ni fwyta wrth fwrdd y gegin, cadwais lygad ar Gurnam. Roedd golwg weddol hapus arno, ond doedd e ddim yn fy nhwyllo i. Ers i Dad adael, roeddwn i wedi dod yn dda iawn am ddeall teimladau go iawn pobl. Doedd e ddim yn hud a lledrith – roeddwn i jest yn gallu synhwyro pan roedd pobl yn ceisio cuddio’u teimladau. Ac roedd Gurnam yn gwneud hynny nawr. Roedd e’n gwenu gyda’i geg, ond roedd ei lygaid yn bell, fel pe bai e’n meddwl am rywbeth gwael. Meddyliais tybed ble roedd e’n byw cyn iddo symud i’n stryd ni. Meddyliais tybed a oedd ganddo deulu, a pham nad oedden nhw gydag e.

“Hoffech chi ragor, Gurnam?” gofynnodd Mam, gan dorri ar draws fy meddyliau.

“Dwi’n iawn,” atebodd yntau. “Roedd hwnna’n fendigedig.”

“Ewch â rhywfaint adref,” anogodd Mam. “Mae gyda ni ddigonedd dros ben.”

“Mae tîm rygbi’n dod draw fory,” tynnodd Olwen goes Mam. “Bydd angen eu bwydo nhw hefyd.”

Cododd Mam ddarn o basta a’i daflu at Olwen. Fe

fethodd a glanio ar y llawr, a bwytodd Mali e'n syth. Dechreuodd Lois chwerthin.

"Mam!" gwaeddais. "Pam gwnest ti hynny?"

"Ie, paid â bod mor blentynnaidd!" meddai Olwen, gan chwerthin.

Ochneidiodd Mam, dweud wrthon ni am gau ein cegau, a llenwi gwydrau gwin yr oedolion.

"Felly, ewch chi â rhywfaint o basta adref?" dywedodd Mam wrth Gurnam.

"Dwi'n iawn, diolch," atebodd. "Mae digon o fwyd gyda fi gartref. Wel, yn fy nhŷ newydd. Dyw e ddim yn *gartref* mewn gwirionedd..."

Llyncodd Gurnam ac edrychodd i ffwrdd am eiliad.

"Ble *mae* gartref?" gofynnais iddo, gan fod ychydig yn rhy fusneslyd.

"Aman," meddai Mam. "Paid â busnesa..."

"Mae'n iawn, Jeet," meddai Gurnam, a throi ata i. "Roeddwn i'n arfer byw yng Nghaerdydd. Ond yna fe symudais yma – rai wythnosau yn ôl."

Nodiais ond wnes i ddim ateb. Roedden ni'n byw jest y tu allan i Gaerdydd, felly pam roedd Gurnam wedi symud? Pam ddim jest byw lle roeddech chi'n ei alw'n gartref?

"Fe aeth fy mywyd i braidd yn... *gymhleth*, ac roedd yn rhaid i fi adael," ychwanegodd Gurnam, fel pe bai wedi darllen fy meddwl i. "Beth bynnag, mae hynny yn y gorffennol. Dwi eisiau gwybod mwy amdanat ti."

Roedd e'n newid y pwnc, ond roedd hynny'n iawn. Doeddwn i ddim eisiau ei ypsetio fe. Doeddwn i ddim yn hoffi ypsetio pobl.

"Dwi ddim yn gwybod beth i'w ddweud," atebais. "Dwi jest yn boring..."

"Na, dwyt ti ddim," meddai Mam. "Rwyt ti'n grêt!"

Roedd fy wyneb yn goch gan gywilydd.

"*Wyt*!" meddai Lois. "Fyddai gen i byth ffrindiau *diflas*, Aman. Hynny yw, rwyt ti ychydig bach yn rhyfedd ac rwyt ti'n rhechu yn aml, ond rwyt ti dal yn wych!"

Syllais yn grac ar Lois a'i gwiriondeb, ond dim ond tynnu ei thafod arna i wnaeth hi.

"Dwi'n dwli ar fy nghi bach," dywedais wrth Gurnam. "A dwi'n hoffi celf a cherddoriaeth a stwff. Ac mae Lois yn gallu mynd ar fy nerfau, ond mae hi'n ddoniol iawn ac mae hi wedi bod yn ffrind gorau i fi ers erioed. Oes ffrind gorau gyda chi?"

"Aman!" meddai Mam.

“Mae’n iawn, wir,” dywedodd Gurnam wrthi. “Roedd gen i un ffrind agos iawn. Ond dydyn ni ddim yn gweld ein gilydd mwyach. Fe wnaethon ni ddadlau a...”

Fe edrychodd e heibio i fi a nodio dim ond unwaith.

“Do, fe wnaethon ni ddadlau,” dywedodd Gurnam eto. “Jest un o’r pethau yna...”

“Dwi’n hoffi pêl-droed,” dywedais yn sydyn, er mwyn ei stopio fe rhag mynd yn ddigalon. “Clwb Pêl-droed Caerdydd, oherwydd roedd Dad...”

Rhoddodd Mam ei llaw ar fy mhen-glin wrth i fi ddweud enw Dad, ond roedd popeth yn iawn.

“Roedd Dad yn ffan mawr o Gaerdydd,” es yn fy mlaen. “Roeddwn i’n arfer gwylio gemau gyda fe.”

Gwenodd Mam yn gynnes a dweud wrth Gurnam, “Roedd Aman yn dair pan gafodd hi ei chit pêl-droed cyntaf. Mae gyda fi luniau ohoni ynddo o hyd.”

“Clwb Pêl-droed Caerdydd, ie?” meddai Gurnam. “Gredet ti byth, Aman?”

“Beth?” gofynnais.

"Fi hefyd!" dywedodd Gurnam wrtha i. "Dwi'n dwli ar Gaerdydd. Rwyt ti a fi'n mynd i fod yn ffrindiau mawr."

Gwenais oherwydd bod gyda ni rywbeth yn gyffredin. Ac roedd hynny'n bwysig gan fy mod i'n hoffi Gurnam. Roedd e'n cŵl.

"Dwi'n trio chwarae pêl-droed weithiau, ond dwi'n wael iawn," dywedais.

"Wel," meddai Gurnam, "gallwn ni newid hynny. Fe ddangosa' i ambell dric i ti un diwrnod."

"Oeddech chi'n arfer chwarae pêl-droed?" gofynnais.

"Drwy'r amser," atebodd. "Byddwn i'n dal i chwarae nawr pe bawn i'n gallu dod o hyd i hen groncs i chwarae gyda fi."

"Hen groncs?" dywedais. Doeddwn i erioed wedi clywed hynny o'r blaen.

"Hen ddynion rhydlyd fel fi," dywedodd Gurnam gan wincio.

"Dydych chi ddim mor hen â hynny," dywedais.

"Dwi'n bum deg naw," dywedodd wrtha i. "Bydda i'n chwe deg ddydd Nadolig."

"Waw, wir?" dywedais. "Mae hynny mor cŵl!"

Gwenodd Gurnam yn iawn y tro hwn, gyda'i lygaid hefyd. Yna edrychodd ar ei oriawr.

"Gwell i fi fynd," dywedodd wrth Mam. "Dwi'n eich cadw chi rhag eich noson..."

"Rydyn ni'n gwylio ffilm *rom-com*," meddai Lois. "Ac mae gyda ni hufen iâ a phopcorn – mae e i gyd braidd yn ferchetaidd..."

"Lois!" meddai Olwen.

Cododd Gurnam ei ysgwyddau, yna gwenodd.

"Wel, fe ddyweda' i nos da, 'te," meddai wrth Lois. "Ond dwi yn hoffi ychydig o ramant bob hyn a hyn. Ond mae'n well gen i lyfrau na ffilmiau."

Trodd Gurnam at Mam a dweud, "Diolch am y swper. Ro'ch chi'n garedig iawn a dwi'n gwerthfawrogi hynny."

"Pleser," atebodd Mam.

"Wnewch chi ddod i'n gweld ni eto?" gofynnais iddo.

Nodiodd Gurnam.

"Wrth gwrs," meddai, gan edrych ar Mam. "Os yw hynny'n iawn gyda chi, Jeet?"

Nodiodd Mam.

“Byddai hynny’n hyfryd,” atebodd. “Gallen ni rannu ein hoff lyfrau, efallai?”

“Grêt,” meddai Gurnam, ac fe winciodd arna i. “Wela’ i chi cyn bo hir.”

4

Fe gadwais lygad am Gurnam yr wythnos ganlynol ond welais i mohono o gwbl. Dechreuais i boeni, er fy mod i'n gwybod bod hynny'n wirion. Sylwodd Mam ar fy hwyliau a rhoddodd gwtsh i fi pan ddywedais wrthi. Esboniodd fod Olwen wedi gweld Gurnam, a'i fod wedi esbonio iddo fod yn brysur.

"Dwi'n siŵr y gwneith e daro draw yn fuan," ychwanegodd Mam.

Y dydd Sadwrn hwnnw, cafodd Mam a fi frecwast wedi ei ffrio, yna aethon ni â Mali am dro i'r parc. Roedd hi'n oer ac yn heulog eto, yn berffaith ar gyfer ein prosiect garddio cymunedol. Roeddwn i'n gwisgo hen bâr o jîns carpiog a fy esgidiau glaw oren. Gwisgai Mam legins llwyd, un o hen siwmperi Dad a'i esgidiau glaw gwyrdd drewllyd e.

"Ti'n cofio pan oedden ni'n arfer garddio gyda Dad?" dywedais.

"Dwi'n cofio'r llanast ro'ch chi'ch dau yn arfer gwneud," meddai Mam gan dynnu coes. "Yn gadael mŵd dros y tŷ i gyd."

“Roedden ni’n gwneud hynny’n fwriadol,” heriais hi. “I dy wneud di’n grac.”

“Doedd dim ots gyda fi mewn gwirionedd,” atebodd Mam, a llenwodd ei llygaid â dagrau.

Cymerais ei llaw a’i wasgu’n dynn.

“Dwi’n gweld ei eisiau e,” dywedais.

Dim ond nodio wnaeth Mam.

Fe anelon ni tuag at warchodfa natur ddiffaith yng nghanol y parc. Roedd wedi gordyfu ac wedi bod yn llawn sbwriel ers pan oeddwn i’n blentyn. Roedden ni’n mynd i’w hachub hi fel rhan o’n prosiect Gardd Gymunedol. Wrth i ni gyrraedd, gwelodd Olwen ni. Roedd hi’n gwisgo dyngarîs du, esgidiau glaw brown a het wlân binc.

“Draw fan hyn, bobl hyfryd!” meddai Olwen.

Roedd hi wedi bod yn cloddio gyda rhaw rydlyd. Roedd ei bochau hi’n goch a’i dwylo wedi eu gorchuddio â mŵd.

“Bore hyfryd o aeaf,” meddai. “Perffaith ar gyfer ein diwrnod cyntaf.”

Dechreuodd Olwen a Mam sgwrsio, felly fe es i â Mali am dro o gwmpas y warchodfa natur. Roedd llawer o bobl yn rhoi help llaw, gan gynnwys rhai disgyblion o’r ysgol a phennaeth fy mlwyddyn i, Mrs Rhys.

"Helô, Aman!" meddai Mrs Rhys. "Dyna braf dy weld di!"

"Helô, Miss," dywedais.

"O, na," meddai Mrs Rhys. "Dydyn ni ddim yn yr ysgol heddiw. Galwa fi'n Catrin."

Dyma hi'n pwyntio at declynnau casglu sbwriel – ffyn hir â chlicedi a dolenni cydio arnyn nhw.

"Allet ti helpu i godi sbwriel?" gofynnodd Mrs Rhys. "Mae angen i ni glirio'r ardal cyn i ni ddechrau."

"O'r gorau, Miss," atebais.

Gwenodd Mrs Rhys a dweud, "*Catrin*! Dwi ddim yn athrawes ar benwythnosau, Aman!"

Gwenais yn ôl arni.

"O'r gorau, Catrin," dywedais. "Dyma Mali..."

Clepiodd Mali wrth i Mrs Rhys ei chosi hi a dweud, "Mae hi mor annwyl!"

Y broblem oedd na allwn i gynnig help llaw tra oedd Mali gyda fi. Roedd dod â hi gyda fi yn syniad twp.

"'Nôl â ti i'r tŷ," dywedais wrth Mali wrth i syniad ffurfio yn fy mhen.

Roedd golwg hapus ar Mali gartref. Sgrialodd mewn i'w basged yn y gegin a ffroeni ei chlustog drewllyd. Cyn hir, roedd hi wedi setlo yn ymyl ei bwyd, ei diod a'i theganau. Wrth i fi gloi'r drws, fe ddechreuodd hi nadu ychydig ond yna fe gaeodd ei llygaid.

"Wela i di wedyn!" dywedais.

Ond yn lle mynd yn ôl i'r warchodfa natur, es i i dŷ Gurnam. Roedd e'n byw ychydig ddrysau i ffwrdd o'n tŷ ni, heibio i dŷ Olwen. Cerddais i fyny'r llwybr gan deimlo'n nerfus a churais ar ei ddrws. Ar ôl eiliad, canais y gloch. Yna fe driais i eto, ond wnaeth e ddim ateb.

Efallai nad oedd e gartref, dywedais wrtha i fy hun. Neu efallai ei fod e eisiau llonydd. Roeddwn i'n gwybod sut deimlad oedd hynny weithiau. Doedd e ddim yn *big deal.* Heblaw am y ffaith bod y giât ar ochr y tŷ yn gilagored.

"Hmmm..." dywedais yn uchel.

Es i draw at y giât a'i gwthio ar agor led y pen. Roedd y llwybr wrth ochr y tŷ fel ein un ni: un cul â cherrig palmant yn mynd at yr ardd. Fe wnes i ystyried gadael, ond roeddwn i'n rhy chwilfrydig. Cerddais tuag at ardd Gurnam, gan weddïo na fyddai e'n dod o hyd i fi ac na fyddai e'n grac.

Dyna pryd y clywais i e'n crio. Suddodd fy nghalon. Wrth i fi gyrraedd yr ardd, gwelais Gurnam yn eistedd ar gadair â'i gefn ata i. Roedd e ar ei ben ei hun ac yn yfed o botel o alcohol. Fe ystyriais i alw arno ond wnes i ddim.

"Mae'n flin gyda fi!" dywedodd wrth neb – doedd e ddim yn gwybod fy mod i yno. "Mae'n flin gyda fi. Pe gallwn i newid pwy ydw i, byddwn i'n gwneud!"

Roeddwn i'n teimlo'n ofnadwy am ysbïo ar Gurnam. Yn enwedig ar ôl iddo fe fod mor garedig tuag ata i. Meddyliais am rywun yn fy ngwylio i pan oeddwn i'n teimlo'n drist neu pan oeddwn i ar fy mhen fy hun, yn sibrwd wrth Dad. Byddwn i wedi torri fy nghalon.

Dyma fi'n troi a cherdded i ffwrdd mor gyflym ag y gallwn i.

5

Y noson honno, cefais drafferth mynd i gysgu. Fedrwn i ddim peidio â meddwl tybed pam roedd Gurnam mor drist. Roeddwn i eisiau dweud wrtho fy mod i'n deall. Ei bod hi'n ocê i fod yn drist. Ond roeddwn i'n teimlo'n euog iawn hefyd. Ddylwn i ddim bod wedi mynd i'w dŷ fe. Ddylwn i ddim bod wedi ei wylio fe fel yna.

Yn y diwedd, fe godais a dod o hyd i fy llythyr at Dad. Fe ddarllenais i fe sawl tro, ac fe wnaeth i fi grio. Roedd y byd yn ymddangos mor annheg. Roedd Dad yn garedig a meddylgar, ac yn ddoniol a gofalgar. Doedd hi ddim yn iawn ei fod e wedi mynd. Roeddwn i eisiau gwylio gemau Caerdydd gydag e eto. Roeddwn i eisiau ei gwtsho fe a dweud wrtho ei fod e'n drewi. Ymhen ychydig, fe es i 'nôl i gysgu, ond roeddwn i'n deffro'n aml gan fy mod i'n meddwl am yr holl bethau ddysgodd Dad i fi.

Roedd Mam a fi ar ein traed yn gynnar y bore wedyn.

"Diwrnod dau heddiw!" meddai hi yn y gegin wrth i fi ddylyfu gên dros fy ngrawnfwyd a thost.

"Beth?" gofynnais.

"Y prosiect?" atebodd Mam.

"O..."

Eisteddodd Mam ac edrych i fyw fy llygaid.

"Noson wael?" gofynnodd Mam.

"Oedd," dywedais wrthi.

Roeddwn i eisiau esbonio ynglŷn â Gurnam, ond fedrwn i ddim. Roedd gen i ormod o gywilydd ohona i fy hun. A doeddwn i ddim eisiau i Mam fod â chywilydd ohona i hefyd.

"Does dim rhaid i ti ddod," dywedodd Mam wrtha i. "Fe wnest ti helpu ddoe."

Ysgydwais fy mhen.

"Na," atebais. "Dwi'n ocê. Mae angen i fi ddeffro'n iawn, dyna i gyd."

"Os wyt ti'n siŵr," meddai Mam.

Nodiais.

Roeddwn i yn y warchodfa natur awr yn ddiweddarach pan roddodd Lois syrpréis i fi.

"Hei, pen pen-ôl" galwodd wrth i fi helpu gyda'r chwynnu.

"Beth rwyt ti'n ei wneud fan hyn?" gofynnais, gan deimlo rhyddhad o'i gweld hi. Os gallai unrhyw un godi fy nghalon i, Lois oedd honno.

"Fe wnes i wirfoddoli'n gyfrinachol," meddai. "Syniad Mam-gu oedd e – roedden ni eisiau rhoi syrpréis i ti."

"Seren aur am yr ymdrech!" dywedais. "Fe lwyddoch chi!"

Cyn bo hir roedden ni'n gweithio, yn sgwrsio ac yn mwynhau ein hunain. Fe anghofion ni am ginio, hyd yn oed, nes i Mam ddod â chreision a brechdanau a dŵr blas ffrwythau. Cerddodd Lois a finnau at yr ardal chwarae, eistedd ar fainc a dechrau bwyta. Roedden ni'n sôn am hoff lyfr diweddaraf Lois pan laniodd rhywbeth wrth fy nhraed – pastai wedi hanner ei bwyta.

"Pwy sy' newydd...?" dechreuais, ond fe ddylwn i wybod.

Safai'r ddau fachgen a ymosododd ar Mali wrth y rheilin i'r ardal chwarae. Roedden nhw'n gwisgo yr un dillad ag o'r blaen.

"Edrych pwy sy' 'ma – Miss Fach Crio a'i ffrind hyll," dywedodd y bachgen lleiaf.

"Cerwch i grafu!" gwaeddodd Lois.

"Be' chi'n 'neud draw fanna?" gofynnodd y bachgen

talaf, gan amneidio tuag at y warchodfa natur.

Codais fy ysgwyddau. “Prosiect yr Ardd Gymunedol yw e,” atebais, gan feddwl efallai fod gyda fe ddiddordeb go iawn.

“Be’ – chi’n plannu blodau a rhyw sothach?”

Atebais i ddim.

“Pa mor dwp yw hynna?” meddai’r bachgen tal. “Does gyda chi ddim byd gwell i’w wneud?”

“*Helpu’r gymdogaeth* ry’ch chi’n ei alw fe,” dywedodd Lois wrtho. “Fyddech chi ddim yn gwybod beth mae hynny’n ei olygu.”

Chwarddodd y bachgen tal, ac roedd e’n fy atgoffa fi o afr eto.

“Dwi’n helpu digon,” meddai. “Er enghraifft, nawr dwi’n mynd i fynd â’ch arian a’ch ffonau chi’ch dwy a’u rhoi nhw i’r tlodion.”

“Ni yw’r tlodion,” meddai’r bachgen bach plorog. “Maen nhw’n ei alw fe’n *ailddosraniad*, chi’n gwybod. Fe ddysgais i hynny yn y coleg.”

Gwenodd y bachgen talaf a dweud, “Hei, dŵd, ti byth yn y coleg! Be’ ti’n wbod am economeg a hynna i gyd?”

Dyma nhw'n neidio dros y rheilin ac yn cerdded tuag aton ni.

"Does dim byd gyda ni," gwaeddodd Lois.

Roeddwn i'n gallu gweld bod ofn arni – crynai ei choes yn erbyn fy un i. Roedd ofn arna i hefyd. Aeth fy ngheg yn sych, ac roedd fy stumog yn glymau. Ystyriais afael yn Lois a rhedeg, ond fyddai hynny ddim yn helpu. Bydden nhw'n ein dal ni'n hawdd. Llyncais rywfaint o aer. Beth roedden ni'n mynd i'w wneud?

"*Aman?*" clywais Gurnam yn galw.

Lledaenodd fy llygaid. Roedd Gurnam yn sefyll yn ymyl giât yr ardal chwarae. Roedd e wedi fy achub i eto, fel fy archarwr personol. Gwelodd y bechgyn e hefyd.

"Tad-cu yn Dychwelyd!" gwnaeth yr un byrraf hwyl am ei ben. "Help, help!"

Cerddodd Gurnam draw â golwg galed, oeraidd ar ei wyneb.

"Y cyfle olaf," rhybuddiodd Gurnam y bechgyn. "Fe ddylai fod cywilydd arnoch chi – yn pigo ar blant. Pigwch *arna i*. Dwi'n eich *herio* chi..."

Dyma fe'n rholio llewys ei siwmper werdd flêr. Tynhaodd ei ddwylo'n ddyrnau enfawr, a gwelais fod tatŵs ar ei freichiau. Fedrwn i ddim gweld y manylion, ond gallwn weld y cyhyrau.

“Dewch ’mlaen,” meddai Gurnam yn dawel. “Does dim ofn hen ddyn arnoch chi, oes e?”

Tynhaodd yr un bach ei gorff, fel pe bai ar fin ymladd, ond daliodd y bachgen talaf ef yn ôl.

“Cefn dydd golau, yn dyw hi?” dywedodd wrth Gurnam. “Llygad-dystion hefyd. Dwi ddim am gael fy arestio. Dwi ddim mor dwp â hynny.”

“*Wir?*” gofynnodd Gurnam. “Ry’ch chi’n poenydio plant, ond dy’ch chi ddim yn dwp? Dwi’n meddwl bod angen geiriadur arnat ti, ’machgen i.”

“Dwi ddim yn fachgen i ti,” meddai’r un talaf. “Ti’n rhy hyll.”

Edrychodd o’i gwmpas, yna tynnodd fraich ei ffrind a dweud, “Dere, mêt. Fe ddaliwn ni’r coc oen ’ma ryw ddiwrnod arall.”

“Unrhyw bryd,” meddai Gurnam. “Nawr, ewch i grafu. Os dalia’ i chi’n poeni Aman eto, fe wnaf i’ch bwrw chi’n fflat.”

Poerodd y bachgen lleiaf yn agos at draed Gurnam a dweud, “Dwi’n *gwybod* amdanat ti.”

Rhewodd Gurnam, ac edrychodd ar goll am eiliad. Yna,

daeth ato'i hun eto.

"Dwyt ti ddim yn gwybod dim byd amdana' i," atebodd.

"Ie, ie." meddai'r un lleiaf.

Dechreuodd y bechgyn chwerthin ac fe gerddon nhw i ffwrdd heb edrych yn ôl. Rholiodd Gurnam ei lewys i lawr a gwenodd arna i a Lois.

"Helô eto," meddai. "Oes gyda chi frechdan i fi hefyd?"

Pe bawn i wedi gwenu fymryn yn lletach, gallwn i fod wedi dallu rhywun.

6

Daeth Gurnam yn ymwelydd cyson â'n tŷ ni ar ôl iddo fy achub i yr ail dro. Ac roedd fel pe bai e'n mynd yn agosach at Olwen hefyd. Dau ddydd Gwener yn ddiweddarach, daeth Gurnam ac Olwen aton ni i gael swper. Gwyliais i nhw'n sgwrsio a meddwl tybed beth fyddai Lois yn ei feddwl. Am nos Wener dda, byddai hi'n siŵr o ddweud. Aros gartref yn gwrando ar ddau hen berson yn fflyrtio. Man a man i chi wylio'r *Antiques Roadshow*. Roeddwn i'n meddwl y byddwn i'n gweld y peth yn rhyfedd hefyd, ond doedd e ddim.

Roedd Gurnam yn cael hwyl. Roedd e'n gwenu ac yn tynnu coes. Doedd ei lygaid e ddim cweit yn llonydd eto, ond roeddwn i'n dod i arfer â hynny. Ar ôl i fi ei weld e yn ei ardd, roeddwn i jest yn hapus bod golwg wedi ymlacio'n llwyr arno fe.

"Betia' i dy fod di'n *bored*," dywedodd Olwen wrtha i. "Treulio amser gyda hen bobl fel ni. Fe ddylet ti fod wedi gofyn i Lois aros."

Ysgydwais fy mhen.

"Na, mae'n iawn," dywedais. "Mae e fel cael arddangosfa amgueddfa fach yn fy nhŷ i. Chi'n gwybod, sut roedd pobl yn byw yn yr hen ddyddiau…"

"Y mwnci bach digywilydd!" poerodd Olwen.

Chwarddodd Gurnam, yna tynnodd wyneb a phwyntio at y sinc.

"A sôn am hen," meddai Gurnam. "Yw dy dap di'n gollwng, Jeet?"

Cododd Mam ei hysgwyddau.

"Ydy," meddai. "Mae e wedi bod fel yna ers talwm."

Aeth Gurnam draw at y sinc i ymchwilio. Agorodd y tap a'i gau, yna'i ysgwyd rhywfaint. Ymunais ag e.

"Oedd gan dy dad unrhyw dŵls?" gofynnodd.

Pwniais ei fraich, ac fe dynnodd e wyneb.

"Mae hynna'n *sexist*," dywedais wrth Gurnam. "Mae tŵls gan Mam."

"Wps," dywedodd, gan edrych yn lletchwith. "Doeddwn i ddim yn golygu…"

"Maen nhw o dan y grisiau," dywedais. "Dyw Mam ddim wir yn eu defnyddio nhw…"

"Cer i'w nôl nhw," meddai Gurnam. "Fe wna i ei drwsio fe."

Ddeng munud yn ddiweddarach, roedd y tap yn ddarnau ac edrychai Gurnam yn grac.

"Mae angen wasier arna i," dywedodd wrtha i.

"Beth yw hwnnw?" gofynnais.

Daliodd gylch bach rwber i fyny. Roedd e wedi torri.

"Hwn," meddai Gurnam. "Mae e'n stopio dŵr rhag gollwng heibio i'r falf pan mae'r tap ar gau. Mae angen un newydd arnon ni."

Doedd gen i ddim syniad beth oedd falf, ond wnes i ddim dweud hynny wrtho.

"Dwi ddim yn meddwl bod un o'r rheini gyda Mam," atebais. "Dim ond *merch* yw hi..."

Chwarddodd Gurnam eto.

"Am wn i fy mod i'n haeddu hynny," dywedodd wrtha i. "Mae gyda fi wasiers sbâr gartref. Fe af i i nôl un."

Ddeng munud yn ddiweddarach, roedd y tap fel newydd. Wrth i Gurnam roi ei dŵls i gadw, fe sylwodd ar rywbeth arall.

"Mae'r drws yn hongian yn rhydd hefyd," meddai.

Gwenodd Mam a dweud wrtho, "Mae popeth yn hen fan hyn. A bod yn onest, mae angen cegin newydd arnon ni.

Does gyda fi ddim amser i ddod o hyd i rywun i'w ffitio hi."

Roedd hi'n iawn. Roedd y gegin yn cwympo'n ddarnau. Roedd y cypyrddau'n dolciog ac wedi cracio, a'r wynebau gweithio wedi crafu. Ac roedd arogl llwydni – fel caws glas neu sbwriel – yn dod o'r sinc.

"Fe wna i fe," meddai Gurnam.

"*Ooo*!" meddai Olwen. "Dwi yn hoffi dyn sy'n gallu troi ei law at unrhyw beth!"

Dechreuodd Olwen a finnau biffian chwerthin, ac edrychodd Gurnam yn ddryslyd.

"Adeiladwr ydw i," esboniodd Gurnam. "O leia, dyna ro'n i'n arfer ei wneud."

"Wir?" gofynnodd Mam. "Felly, gallech chi osod cegin newydd?"

Chwarddodd Gurnam.

"Gallwn i adeiladu *tŷ* newydd i ti," dywedodd wrthi. "Mae ceginau'n hawdd."

"Ond fyddech chi eisiau gwneud?" meddai Mam. "Fe dalwn i chi, wrth gwrs."

Edrychodd Gurnam arna i a chodi ei ysgwyddau.

"Ddyweda' i beth," meddai. "Pryna di'r deunyddiau, ac fe

wna i'r gweddill."

"Ond dwi ddim eisiau bod yn fwrn arnoch chi..." dechreuodd Mam.

"Dwi'n hapus i helpu," meddai Gurnam. "Beth bynnag, bydd e'n rhywbeth i fi wneud."

Trois at Mam ac edrych yn ymbilgar arni. Ond doedd dim angen i fi ei darbwyllo hi. Roedd hi'n wên o glust i glust.

"Dêl!" meddai Mam.

Ni wastraffodd Mam unrhyw amser. Roedd hi eisiau i'r gegin gael ei gorffen cyn y Nadolig, oedd ymhen ychydig wythnosau. Erbyn nos Sul, roedd hi a Gurnam wedi archebu'r pethau newydd ar-lein. A chyn bo hir roedd ein hen gegin ni wedi mynd. Roedd yn rhaid i ni fwyta yn nhŷ Olwen bob dydd, ond doedd dim ots gyda fi, yn enwedig gan fod Lois yno'n aml. Roedd Gurnam fel pe bai e'n mwynhau gweithio ar y gegin, ac fe dreuliodd Olwen yr wythnos gyfan yn sgwrsio ag e ac yn yfed te. Roeddwn i'n meddwl eu bod yn gwpwl perffaith.

Ar y nos Wener, aeth Gurnam â fi i'r siop sglodion.

"Diolch," dywedodd e wrtha i wrth i ni gerdded gartref gyda'n bwyd.

"Am beth...?" gofynnais. Roedd hi mor oer fel bod fy nhrwyn i'n rhedeg.

"Dim ond..."

Edrychodd i ffwrdd a llyncu. Ffroenais ac aros iddo barhau.

"Rwyt ti wedi bod mor garedig," meddai o'r diwedd. "Dy fam ac Olwen hefyd. Dwi ddim yn gwybod ble byddwn i oni bai..."

Ddywedon ni ddim byd am eiliad. Yna fe ffroenais i eto, gan resynu nad oedd gyda fi hances.

"Ry'n ni'n eich hoffi chi," dywedais wrtho. "Ry'ch chi'n hyfryd ac yn garedig ac yn hwyl i fod yn eich cwmni. Fel tad-cu."

Cyn gynted ag y dywedais i'r geiriau, roeddwn i'n difaru. Weithiau, fe ddylai eich meddyliau mewnol aros yn breifat. Hynny yw, all pobl ddim ymdopi â nhw – yn enwedig oedolion. O leiaf, dyna roeddwn i'n ei feddwl. Ond dim ond stopio a gwenu wnaeth Gurnam. Doedd e ddim yn edrych fel pe bai cywilydd arno, na fel pe bai e wedi cael sioc na dim.

"Mae tad-cu yn iawn gyda fi," dywedodd wrtha i.

Llenwodd fy llygaid â dagrau.

"Buodd Dad farw," dywedais yn sydyn.

"Dwi'n gwybod," meddai Gurnam. "Fe wnes i ddyfalu."

"Buodd e farw ac roeddwn i ei angen e a..." Fedrwn i ddim parhau.

Gwasgodd Gurnam fy llaw yn dynn. Roedd e'n arogli o flawd llif a phlaster, a chofiais am sut roedd Dad yn fy nal i pan oeddwn i'n anhapus. Llenwodd fy llygaid eto, a gallwn deimlo fy ngên yn crynu.

"Sori..." dywedais, gan rwbio'r dagrau o fy llygaid. "Dwi'n bod yn dwp..."

"Dwyt ti ddim yn dwp o gwbl." Ochneidiodd Gurnam. "Mae pobl i fod i grio os ydyn nhw'n drist."

Symudais i oddi wrtho ac edrych arno. Meddyliais am y diwrnod hwnnw y gwelais i fe yn yr ardd. Ond doeddwn i ddim yn gallu dweud wrtho fy mod i wedi ei weld e'n crio.

"Ydych chi'n crio?" gofynnais. "Hynny yw, dwi'n gallu dweud eich bod chi'n anhapus. Mae e yn eich llygaid chi, hyd yn oed pan rydych chi'n chwerthin."

Nodiodd Gurnam yn araf.

"Dwi'n mynd yn isel weithiau," dywedodd. "Dwi'n teimlo'n ddiffrwyth, fel pe bai fy nhu mewn i'n wag. Ond mae bod yng nghwmni dy deulu a dy ffrindiau hyfryd di yn gwneud i fi *deimlo* rhywbeth..."

“Mae hynny’n fy ngwneud i’n hapus,” dywedais wrtho.

“Fi hefyd,” meddai Gurnam.

Fe gerddon ni weddill y ffordd mewn tawelwch.

7

Y diwrnod canlynol, agorodd llygaid Lois yn fawr pan ddywedais wrthi am yr hyn ddywedodd Gurnam. Roedden ni'n cael hoe fach ym mhrosiect yr Ardd Gymunedol. Roedd e'n ddiwrnod llwyd, oer, ac roedd fy nwylo wedi rhewi.

"Beth wyt ti'n feddwl – mae e'n *teimlo* rhywbeth?" gofynnodd Lois. "Yw Gurnam yn ffansïo Mam-gu?"

"Dwi ddim yn siŵr," dywedais. "Ond bydden nhw'n gwpwl cŵl."

Dywedais wrth Lois fod Olwen a Gurnam wedi bod yn fflyrtio gyda'i gilydd yn fy nhŷ i drwy'r wythnos. Taflodd Lois ei llaw dros ei cheg a chwerthin.

"Ond dydy Mam-gu erioed wedi cael cariad," atebodd. "Dim ers i Tad-cu adael."

Roedd mam-gu a thad-cu Lois wedi gwahanu rai blynyddoedd ynghynt.

"Gallai dy fam-gu gael cariad nawr," dywedais, gan wneud i Lois wingo.

"*Ych a fi*!" grwgnachodd Lois. "Mae hynna jest yn *weird*!"

"Pam?"

"Hen bobl, yn cusanu a phethau!" atebodd. "Dydy hynny jest ddim yn iawn."

Ysgydwais fy mhen.

"Dydyn nhw ddim yn hen bobl," dywedais wrthi. "Pobl ydyn nhw."

"Pobl *hen* a rhychiog," meddai Lois fel jôc. "Mawredd, fedri di eu dychmygu nhw'n cusanu? Ych!"

Tynnodd wyneb arall, ac fe bwniais i hi yn ei braich.

"Paid â bod mor gas," dywedais. "Maen nhw'n berffaith i'w gilydd."

Gwenodd Lois a dweud, "O'r gorau, 'te. Ydyn ni'n mynd i drio eu cael nhw at ei gilydd?"

Nodiais.

"Sut?" gofynnodd Lois.

"Dwi ddim yn gwybod," atebais. "Ond bydd trio yn hwyl!"

Erbyn y noson honno, roedd gyda ni gynllun. A phan gyrhaeddais i gartref, roedd Gurnam yn dal i weithio ar y gegin.

"Newydd orffen y plastar newydd," dywedodd wrtha i a Mam. "Dylwn i fedru dechrau ar y cypyrddau fory."

Roedd e'n gwisgo gogls diogelwch ac oferôls oedd wedi eu gorchuddio â llwch.

"Ond dydd Sul yw hi fory," dywedais wrtho. "Fedrwch chi ddim gweithio ar ddydd Sul."

"Dydy e ddim yn beth mawr," meddai Gurnam, gan dynnu ei gogls. "Does dim ots gyda fi."

"Ond mae angen eich help chi arna i," dywedais wrtho. "I ymarfer fy sgiliau pêl-droed."

Gwenodd, ond ysgydwodd Mam ei phen arna i.

"Dwi'n siŵr nad yw Gurnam eisiau treulio *pob* dydd gyda ni," meddai Mam. "Paid â rhoi pwysau arno fe, Aman."

"Na, na," meddai Gurnam. "Does dim cynlluniau gyda fi."

Gweithiodd Gurnam ar y gegin fore dydd Sul ond yna fe gerddodd gyda fi i'r parc ar ôl cinio. Roedd y cyfan yn rhan o fy nghynllun.

"Chwaraea â dy ben i fyny," dywedodd Gurnam wrth iddo gicio'r bêl-droed ata i. "Fel dy fod di'n gwybod beth sy'n digwydd."

"Felly sut fydda i'n gweld y bêl?" gofynnais.

"Rwyt ti'n dod i arfer," atebodd. "Jest tria."

Roeddwn i'n ddiolchgar iawn am ei help e. Roeddwn i eisiau chwarae i dîm fy ysgol ond doeddwn i ddim yn dda iawn. Fe wnes i fel y dywedodd Gurnam, ond roeddwn i'n teimlo fel babi jiráff ar lawr iâ.

"Dwi'n dda i ddim," dywedais.

"Os wyt ti'n dweud hynny wrthot ti dy hun wnei di byth wella. Dere 'mlaen, amdani!"

Fe driais i eto, drosodd a throsodd, nes i fi ddod rhywfaint yn well.

"Ti'n gweld?" meddai Gurnam. "Nawr, beth am basio?"

Ond roeddwn i wedi gweld Olwen a Lois yn cerdded tuag aton ni. Roedd Olwen yn gwisgo côt goch a het a sgarff oedd yn matsio, ac roedd hi'n edrych yn grêt. Yn berffaith ar gyfer ein cynllun ni. Gwenodd Lois a chodi ei llaw.

"O, edrychwch pwy sy' 'ma!" dywedais, gan godi'r bêl.

Trodd Gurnam a'u gweld nhw.

"Pwy fydde'n meddwl y bydden ni'n eich gweld chi yma," meddai Olwen.

Winciodd Lois arna i a dweud, "*Ie, wir. Pwy* fydde'n meddwl?" Gwingais – roedd hyn yn rhy amlwg o lawer.

"Ry'n ni'n ymarfer pêl-droed," dywedais yn gyflym. "Mae

Gurnam yn hyfforddwr gwych."

Roedd hynny fel pe bai'n creu argraff ar Olwen. Gwyliais ei llygaid yn disgleirio. Roedd hi'n hoffi Gurnam, roeddwn i'n siŵr o hynny.

"Rwyt ti'n ddyn amryddawn," meddai Olwen.

"Dydy e'n ddim byd," atebodd Gurnam. "Dim ond ambell ddarn o gyngor."

"Ry'n ni'n mynd i gael te a chacen," meddai Lois. "Pam na wnewch chi ymuno â ni?"

"Bydde hynny'n hyfryd," meddai Olwen.

Doedd Gurnam ddim yn edrych yn siŵr. Llygadodd y bêl ac yna fi.

"Beth am y bêl-droed?" gofynnodd.

"Dim problem," dywedais wrtho. "Gallwn ni ddod 'nôl ryw ddiwrnod arall. Dydy'r tîm merched ddim yn chwarae eto tan ar ôl y Nadolig. Mae digon o amser gyda ni."

Roedd hi'n oeri, ac roedd cymylau glaw mawr tywyll yn dod i'r amlwg uwch ein pennau ni.

"Wel," meddai Gurnam, "os nad oes ots gan Olwen."

"Wrth gwrs nad oes ots gen i," dywedodd Olwen gan wenu. "Dere 'mlaen."

Roedd y siop goffi ar y stryd fawr. Roedd hi'n brysur ac yn gynnes, a'r ffenestri wedi stemio. Roedd yr arogl coffi y tu mewn yn fy atgoffa i o Dad, ac fe wenais. Fel arfer, roedd meddwl am Dad yn gwneud i fi fod eisiau crio, ond roedd rhywbeth ynglŷn â heddiw yn gwneud i fi deimlo'n glyd yn lle hynny. Wrth i ni eistedd, gofynnodd Olwen beth roedden ni'n ei gael.

"O, bron i fi anghofio!" meddai Lois. "Mae angen i ni gael anrheg pen-blwydd i'r ferch 'ma yn yr ysgol."

"Wir?" gofynnodd Olwen.

"Ym... oes," dywedais.

"Mae'r siop anrhegion ar agor," ychwanegodd Lois. "Fe aiff Aman a fi i brynu rhywbeth, ac fe gwrddwn ni â chi 'nôl fan hyn."

"O, o'r gorau, 'te," meddai Olwen. "Ddylwn i archebu drosoch chi, fel bod eich diodydd chi'n barod pan ddewch chi 'nôl?"

"Does dim brys!" meddai Lois. "Gallwn ni archebu wedyn."

Unwaith roedden ni y tu allan, gwichiodd Lois yn hapus.

"Fe weithodd e!" meddai. "Fe weithiodd y cynllun!"

* * *

"Y mwncis digywilydd!" meddai Olwen wrthon ni pan gyrhaeddon ni adref. Roedd hi'n eistedd wrth fwrdd ein cegin ni yn yfed paned o de gyda Mam. "Yn cynllwynio dêt ar fy nghyfer i a Gurnam!"

"Sori!" atebais. "Ro'n i jest yn meddwl y byddech chi'n gwpwl grêt. Ac ry'ch chi wastad yn fflyrtio gyda'ch gilydd."

"Dim ond ychydig o hwyl oedd e, Mam-gu!" meddai Lois.

Cododd Mam-gu un o fenig gwaith Gurnam roedd e wedi ei gadael ar y bwrdd.

"Mae Gurnam yn hyfryd," dywedodd wrthon ni. "Ond ddim fy nheip i."

"O!" dywedais, gan deimlo'n siomedig.

"Ac, yn bwysicach," ychwanegodd Olwen, "Dwi'n *sicr* ddim ei deip e."

Dyna anghofio fy nghynllun i, felly.

8

Roedd y gegin wedi ei gorffen erbyn canol mis Rhagfyr. Roedd hi'n edrych yn fendigedig, gyda chypyrddau hufen a wynebau gweithio o bren go iawn. Roedd popeth yn sgleiniog ac yn newydd, ac roedd yr arogl afiach wedi mynd. Ond pan geisiodd Mam dalu Gurnam, dim ond ysgwyd ei ben wnaeth e.

"Does dim angen," meddai. "Fe roddodd reswm i fi fod."

Doeddwn i ddim wir yn deall beth roedd e'n ei olygu, ond roeddwn i'n gallu dyfalu. Ond doedd Mam ddim yn hapus.

"Dim ar unrhyw gyfri," dywedodd wrth Gurnam mewn llais llym. "Fe *wnewch* chi gymryd arian."

Dechreuodd Gurnam chwerthin.

"Na, dywedais i," atebodd. "Ry'ch chi'ch dwy wedi bod mor dda gyda fi. Dyna'r peth lleiaf gallwn i wneud."

Buon nhw'n dadlau ychydig mwy, ond yn y diwedd fe ildiodd Gurnam. Mae Mam yn reit dda am ennill dadleuon – credwch fi.

"Ac fe fyddwch chi'n bwyta cinio Nadolig gyda ni, hefyd,"

ychwanegodd Mam. “Dim esgusodion.”

Nodiodd Gurnam ond doedd e ddim yn edrych yn rhy awyddus.

“Dwi fel arfer yn treulio’r Nadolig ar fy mhen fy hun,” atebodd yn dawel. “Mae e’n gyfnod anodd i fi.”

Gosodais fy llaw ar ei fraich.

“Dyna pam y dylech chi fod gyda ni,” dywedais wrtho. “Dyna beth yw pwrpas ffrindiau.”

“Ry’ch chi’n fwy na ffrindiau,” dywedodd Gurnam wrtha i. “Ry’ch chi’n deulu.”

Yr amser cinio hwnnw, aeth Mam â fi i’r deml Sikhaidd, sy’n cael ei alw yn gurdwara. Roeddwn i eisiau helpu ym mhrosiect yr Ardd Gymunedol, ond mynnodd Mam fy mod i’n mynd gyda hi i’r gurdwara.

“Mae fy ffrind i’n cael bendith yno ar gyfer pen-blwydd ei merch,” dywedodd Mam wrtha i.

“Oes *rhaid* i fi fynd?” gofynnais.

“Oes,” meddai Mam. “Byddai’n ddigywilydd peidio.”

Fe barciodd hi ym maes parcio’r gurdwara. Wrth i fi ddod allan, gwelais bolyn fflag tal o flaen yr adeilad. Roedd y polyn wedi cael ei lapio mewn defnydd oren, ac roedd y faner Sikhaidd yn oren hefyd, â symbol hirgrwn du.

"Wnewn ni ddim aros yn hir," meddai Mam.

"Ocê," dywedais.

Pan oeddwn i'n iau, doedden ni bron byth yn ymweld â'r gurdwara. Doedd Mam a Dad erioed wedi bod yn grefyddol. Ac ers i Dad fynd, dim ond ryw unwaith neu ddwy y flwyddyn roedd Mam a fi'n mynd. Y tu mewn, dyma ni'n gorchuddio ein pennau, yn tynnu ein hesgidiau ac yn mynd mewn i'r brif ystafell weddïo. Roedd platfform yn y canol wedi ei orchuddio â chanopi o ddefnydd aur a sgarlad. Roedd offeiriad yn eistedd y tu ôl iddo, yn darllen o gopi o lyfr sanctaidd y Sikhiaid. Roedd hi'n dawel a heddychlon yno, ac roedd yr aer yn arogli o arogldarth rhosyn.

Aethon ni i fyny i'r platfform, penlinio ac ymgrymu. Yna fe daflon ni arian i focs casglu. Ar ôl i ni eistedd am ryw chwarter awr, gwnaeth Mam ystum i ni adael. Rhoddodd offeiriad arall ychydig o *prashad* i ni – cymysgedd gludiog, melys wedi ei bobi o flawd, menyn a siwgwr. Roedd e'n edrych yn seimllyd, ond yn blasu'n anhygoel.

"Waw!" sibrydais wrth i ni adael. "Roeddwn i wedi anghofio pa mor flasus yw'r stwff 'ma."

"Mae e," cytunodd Mam.

Roedd ffrind Mam yn y neuadd fwyta. Mae un ym mhob teml Sikhaidd, er mwyn i bobl fedru bwyta *langar* – pryd o fwyd am ddim. Roedd Mam yn brysur yn sgwrsio â phobl, ond doeddwn i ddim yn yr hwyliau i siarad. Fe ddywedais i helô ond wnes i ddim cymryd rhan yn eu sgyrsiau nhw. Doeddwn i ddim wedi diflasu, yn union. Dim ond ar goll yn fy mhen fy hun. Roeddwn i eisiau llonydd. Roedd yr ystafell weddïo wedi bod yn dawel, ond roedd y neuadd fwyta yn brysur, heb unman i guddio. Dechreuais deimlo ar binnau ac edrychais am ddihangfa.

Es i allan i gael rhywfaint o awyr iach. Safai grŵp o fechgyn yn eu harddegau wrth y fynedfa, eu pennau wedi eu gorchuddio â hancesi gwyn. Wrth i fi fynd heibio, gwelais mai'r ffŵl bach plorog o'r parc oedd un ohonyn nhw. Diolch byth, welodd e mohona i. Brysiais heibio a chuddio y tu ôl i fan wen. Roedd y bechgyn yn swnllyd, a gallwn glywed pob gair roedden nhw'n ei ddweud. Fe ddeallais i'n ddigon buan am bwy roedden nhw'n siarad, hefyd. Gurnam...

"Ma'r dyn yn actio'n bwysig i gyd," meddai'r bachgen o'r parc. "Fel pe bawn i ddim yn gwybod pwy yw e."

"Mae pawb yn 'nabod y coc oen yna, ti'n fy neall i Sunny?" meddai un o'r bechgyn eraill.

Felly Sunny oedd enw'r bachgen plorog.

"Dwi wedi ei weld e ddwywaith nawr," meddai Sunny, "yn treulio amser gyda rhyw ferch ifanc."

"Pe bai hi'n ferch i fi," meddai un o'r bechgyn eraill, "Byddwn i'n ei chadw hi draw oddi wrtho fe."

Pam roedden nhw mor gas am Gurnam, meddyliais. Doedd e ddim yn gas. Roedd e'n garedig a hael a gofalgar.

"Fe glywais i ei fod e wedi gadael ei deulu," meddai un o'r bechgyn. "Meddyliwch, yn ei oedran e..."

"Mae e jest yn rong," ychwanegodd Sunny. "Yn groes i natur, yn dyw e? Dyw dynion go iawn ddim yn gwneud pethau afiach fel'na!"

"Fe adawodd e ei wraig a'i blant," meddai ei ffrind. "Roedd gyda fe wyrion hefyd, hyd yn oed."

Fedrwn i ddim gwrando mwyach. Cerddais o gwmpas yr adeilad at ddrws ochr a dod o hyd i Mam yn y gurdwara. Roedd hi'n yfed te ac yn bwyta samosa.

"Mae angen i fi adael," sibrydais.

"Pardwn?" meddai Mam.

"Plis, Mam," ymbiliais. "Dwi ddim yn teimlo'n dda. Gewn ni adael?"

Edrychodd Mam i fyw fy llygaid a gwelodd fy ngofid.

"O, *Aman*," dywedodd.

Rhoddodd gwtsh i fi, esgusododd ei hun wrth ei ffrind ac fe adawon ni.

Gartref, es i'n syth i'r gwely, ond fedrwn i ddim cysgu. Roedd yr un cwestiynau'n corddi yn fy meddwl. Oedd Gurnam wedi gwneud rhywbeth gwael? A pha fath o ddyn oedd yn gadael ei deulu fel yna? Efallai nad oedden ni'n adnabod y gwir Gurnam. Efallai mai actio oedd e. Oedd e'n dweud celwydd wrtha i a Mam?

Ac yna fe deimlais yn euog am wrando ar ffyliaid o fechgyn yn hel clecs. Ailddarllenais fy llythyr at Dad ychydig o weithiau. Yna gorweddais yn ôl a chofio'r arogl ar Dad ar ôl iddo fod yn coginio – sbeisys cyri a chwrw. Meddyliais am ei wên – sut roedd hi'n goleuo'i holl wyneb. Roeddwn i jest eisiau cydio yn ei law e eto.

"O, am dy gael di yma eto," sibrydais.

9

Deffrais y bore wedyn yn teimlo'n bensyfrdan. Dyma Mali'n cyffroi i gyd pan agorais fy llygaid. Ond chwaraeais i ddim gyda hi. Roeddwn i eisiau cuddio o dan fy ngobennydd a chysgu am byth. Roeddwn i'n teimlo'n oer ac yn wag y tu mewn. Pan gurodd Mam ar fy nrws, doeddwn i ddim yn hapus.

"Mae angen i ti siarad â fi," meddai Mam. "Beth sy'n digwydd?"

"Gad lonydd i fi!" atebais. "Dwi ddim *eisiau* siarad."

Roedd Mam yn gyfarwydd â fy hwyliau i, felly fe adawodd hi. Ond ddeng munud yn ddiweddarach fe es i lawr llawr i ymddiheuro wrthi.

"Mae'n flin gyda fi," dywedais. "Dwi jest..."

"Fe ddigwyddodd rhywbeth ddoe, yn do?" meddai Mam.

"Do," atebais. "Ro'n i'n meddwl am Dad, ac fe es i'n ypsét a..."

Rhoddodd Mam ei breichiau o fy nghwmpas i.

"Dwyt ti ddim yn ymddiheuro am deimlo'n drist,"

dywedodd wrtha i. "Byth. Ond mae'n rhaid i ti drio siarad am y peth."

"Dwi'n gwybod," atebais. "Ond mae rhywbeth arall hefyd..."

"Beth?" gofynnodd Mam.

Doeddwn i ddim yn gwybod sut i ddechrau. Pam roeddwn i wedi credu'r hyn ddywedodd Sunny? Pam roeddwn i'n cymryd ei air e dros garedigrwydd Gurnam? Roedd Gurnam wedi bod yn hael a gofalgar ers i ni gwrdd. Pam byddwn i'n ei amau e nawr?

"Aman?" gofynnodd Mam.

"Fe glywais i ryw fechgyn yn siarad am Gurnam," cyfaddefais. "Yn y gurdwara. Fe ddywedon nhw ei fod e'n ddyn drwg."

Cafodd Mam sioc.

"Pa fechgyn?" meddai.

"Jest rhyw fois," atebais.

"A beth ddywedon nhw?"

"Bod Gurnam wedi gadael ei deulu achos ei fod e wedi gwneud rhywbeth drwg," dywedais wrth Mam. "Fe ddywedon nhw ei fod e'n gas a..."

Rhoddodd Mam ei dwylo o amgylch fy wyneb i.

“Pam gwnest ti wrando ar ddieithriaid yn hel clecs?” gofynnodd i fi. “Ry’n ni’n gwybod bod gan Gurnam orffennol, Aman. Ry’n ni’n gwybod bod gyda fe broblemau.”

“Ond...” dechreuais.

“Na,” meddai Mam yn dyner. “Gwranda arna i, ocê? Mae Gurnam wedi bod yn hollol hyfryd gyda ni.”

“Ond pa fath o berson sydd jest yn gadael ei deulu?” gofynnais.

“Person *anhapus*?” awgrymodd Mam. “Rhywun ag iselder. Rhywun sydd angen symud ymlaen.”

Ystyriais ei geiriau am eiliad.

“Busnes Gurnam yw ei orffennol e,” aeth Mam yn ei blaen. “Does gyda ni ddim hawl i’w feirniadu fe. Beth bynnag ddigwyddodd, mae’n rhaid bod gyda fe ei resymau.”

“Ond fe ddylen ni ofyn iddo fe,” atebais. “Fe ddylen ni wneud yn siŵr...”

“Hyd yn oed os yw hynny’n ei ypsetio fe?” gofynnodd Mam.

“Dwi ddim yn gwybod!” dywedais. “Dwi jest wedi *drysu* cymaint.”

Cydiodd Mam yn fy llaw i. Dyna sut roedd hi'n fy nhawelu i bob amser.

"Fe ddywedodd Gurnam wrtha i," datgelodd Mam.

"Dweud beth?"

"Am ei deulu fe," dywedodd. "Fe ddywedodd e wrtha i'n gyfrinachol, Aman, a fedrwn i ddim bradychu ei ymddiriedaeth e er mwyn dweud wrthot ti."

Fedrwn i ddim coelio'r hyn roeddwn i'n ei glywed.

"Ro't ti'n gwybod?"

"I raddau," dywedodd Mam wrthaf. "Ond dim ond ei fod e wedi gadael. Ddywedodd e ddim pam."

"Ond beth am ei deulu fe?"

Ochneidiodd Mam.

"Mae gan Gurnam deulu mawr – gwraig a phlant sy'n oedolion, ac wyrion hefyd. Fe adawodd e llynedd a mynd i ffwrdd. Ddywedodd e ddim wrtha i i ble."

Fe ddechreuodd fy meddwl i rasio â'r hyn allai fod wedi digwydd. Pam roedd Gurnam wedi gadael? Beth pe bai e wir yn berson drwg? Gallai e fod wedi mynd i'r carchar neu rywbeth. Gallai hynny esbonio pam roedd e wedi mynd i ffwrdd...

"Felly, fe ddylen ni ofyn iddo fe," dywedais. "Mae'n rhaid i ni ofyn iddo fe, yn does?"

Cododd Mam ei hysgwyddau a dweud, "Dwi ddim yn gwybod. Dydyn ni ddim yn gwybod beth oedd rhesymau Gurnam dros adael. Ac mae gyda fe'r hawl i'w breifatrwydd. Mae gyda ni i gyd gyfrinachau, Aman. Efallai yr hoffai e gadw ei un e?"

Efallai, ond doedd hynny ddim yn fy stopio i rhag bod eisiau gwybod. Oedd hynny'n fy ngwneud i'n berson drwg?

Yn ddiweddarach y prynhawn hwnnw, roedd Gurnam yn chwerthin ac yn tynnu coes gydag Olwen ym mhrosiect yr Ardd Gymunedol. Roedd y warchodfa natur yn edrych yn anhygoel, er bod tipyn i'w wneud o hyd. Roedd y pwll wedi cael ei glirio a'i ail-wneud, ac roedd llwyni a blodau newydd wedi cael eu plannu ym mhobman. Roedd un wythnos arall gyda ni cyn ailagor.

Ond doedd dim ots gyda fi. Roeddwn i'n rhy brysur yn trio sylwi ar rywbeth gwahanol ynghylch Gurnam. Roeddwn i'n teimlo'n ofnadwy – y ffrind gwaethaf yn y byd – ond allwn i ddim peidio. Fe sylwodd Gurnam yn ddigon buan bod rhywbeth o'i le.

"Aman...?" meddai Gurnam. "Wyt ti'n iawn?"

Roedd gyda fi ddau ddewis. Parhau i anwybyddu'r stwff anodd neu ddelio ag e. Roeddwn i wedi cael llond bol ar anwybyddu pethau, felly fe ddewisais i ddelio ag e. Wnes i ddim meddwl, wnes i ddim ystyried fy ngeiriau. Wnes i ddim ond ymateb i gwestiwn Gurnam. A ddylwn i ddim bod wedi...

"Fe adawoch chi eich teulu," dywedais.

Newidiodd yr edrychiad ar wyneb Gurnam o bryder i syndod.

"Mae'n ddrwg gyda fi?" meddai.

"Eich teulu chi," dywedais eto. "Eich gwraig a'ch plant a'ch wyrion..."

"Pwy ddywedodd hynny wrthot ti?" meddai.

Doedd dim golwg grac arno fe. Dim ond golwg wedi ymlâdd. Roedd ei ysgwyddau llydan e wedi disgyn yn swp, ac roedd niwl dros ei lygaid brown golau.

"Ydy e'n wir?" gofynnais.

Nodiodd.

"Pam na ddywedoch chi wrtha i?" gofynnais.

Llyncodd Gurnam ac edrych i ffwrdd. Roedd tair o fy ffrindiau ysgol yn plannu blodau ar bwys y pwll. Roedd Lois ac Olwen yn taenu gwellt mewn gwely o lwyni. Roedd dau blentyn bach yn rhedeg o gwmpas, yn chwarae tag ac yn gweiddi'n hapus. Roedd hi'n brynhawn dydd Sul oer hyfryd. Bron y gallech chi arogli'r Nadolig yn dod, ond doedd dim ysbryd yr ŵyl rhwng Gurnam a fi.

"Fy rhesymau i yn unig yw fy rhesymau dros adael," meddai Gurnam. "Dewis pobl eraill yw'r hyn maen nhw'n ei feddwl ynglŷn â hynny..."

"Dwi ddim yn deall," cyfaddefais.

"Do'n i ddim yn gallu aros, felly fe adawais i," esboniodd Gurnam. "Dwi'n meddwl fy mod i wedi gwneud y peth cywir. Ond roedd y bobl a adawais i ar ôl yn teimlo wedi eu brifo a'u bradychu. Maen nhw'n gweld yr hyn wnes i mewn ffordd wahanol."

Roeddwn i'n sylwi iddo eu galw nhw yn *bobl*. Ddim ei *deulu* fe, ddim ei *anwyliaid* e. Jest *pobl*...

"Gurnam..." dechreuais.

"Dwi'n meddwl am y peth bob dydd," torrodd ar fy nhraws. "A dwi *wedi blino*, Aman. Dwi wedi blino ar fywyd. Weithiau dwi jest eisiau mynd i ffwrdd am byth..."

Corddodd fy stumog gan ofn. Beth roedd e'n ei olygu wrth hynny?

"Ond dwi yma!" mynnais. "Gallwch chi siarad â fi a Mam.

Does dim angen i chi guddio wrthon ni. Ry'n ni..."

"Fedra i ddim siarad am y peth," dywedodd Gurnam wrtha i. "Does dim lle yn fy mhen i i hyn, Aman. I *ddim* o hyn..."

Trodd a cherdded i ffwrdd. Suddodd fy stumog, a dechreuodd fy nghalon frifo.

"Gurnam!" galwais ar ei ôl, ond fe anwybyddodd fi.

Safais a gwylio, gan orfodi fy hun i beidio â chrio. Roeddwn i'n teimlo'n ofnadwy am ei ypsetio fe.

"Plis, Gurnam," gwaeddais.

Ond edrychodd e ddim yn ôl – wnaeth e ddim oedi hyd yn oed. Dim ond cerdded i ffwrdd.

10

Cydiodd Lois yn fy llaw i wrth i ni eistedd y tu allan i'r siop sglodion ar ôl ysgol ddydd Llun. Roedd ei bysedd hi'n hir ac yn denau, yr ewinedd wedi eu peintio mewn farnais clir.

"Ga' i fod yn onest?" gofynnodd Lois i fi.

Clywais sŵn seiren car heddlu yn sgrechian yn y pellter. Roedd hi'n oer iawn, ond doeddwn i ddim yn teimlo dim byd.

"Ym... ocê?" atebais.

"Fyddi di ddim yn grac?"

Ysgydwais fy mhen.

Cymerodd Lois anadl a dweud, "Falle dy fod di'n rhyw fath o ddrysu dy deimladau ynglŷn â dy dad â Gurnam? A dyna pam rwyt ti mor ypsét?"

Meddyliais am y peth am eiliad. Ond doeddwn i ddim yn cytuno.

"Na," dywedais. "Dwi'n *gwybod* fy mod i'n llanast ers colli Dad. Mae *pawb* yn gwybod fy mod i'n llanast, ond..."

"Dwyt ti ddim yn llanast!" torrodd Lois ar fy nhraws.

Roedd hi'n swnio'n grac. "Paid ti â meiddio dweud hynny!"

"Dwi yn," mynnais. "Mae hynny'n ffaith."

"Na," meddai Lois. "Rwyt ti'n delio â rhywbeth anodd, dyna i gyd. Mae hynny'n naturiol."

"Ond mae amser hir," atebais, "ers i Dad... fynd."

Doeddwn i dal ddim yn gallu dweud 'marw' yn uchel – ddim wrth Mam na neb. Dim ond Gurnam oedd wedi fy nghlywed i'n dweud y gair hwnnw. Rhaid bod hynny'n golygu rhywbeth, yn doedd e?

"Pa ots faint o amser sydd wedi bod?" meddai Lois. "Dydy hi ddim yn gystadleuaeth i weld pwy sy'n dod dros y peth gyflymaf."

Codais fy ysgwyddau a dweud wrthi, "Dwi'n addo nad ydw i'n drysu sefyllfa Gurnam gyda Dad. Dwi jest yn poeni fy mod i wedi brifo Gurnam, ac mae e'n bwysig i fi. Mae'n *rhaid* i fi wybod ei fod e'n iawn."

"Bydd e'n maddau i ti," dywedodd Lois wrtha i. "Bydd e..."

Ond doeddwn i ddim mor siŵr y byddai e. Doedden ni ddim wedi ei weld e ers dau ddiwrnod, ac roedd hynny'n rhyfedd. Roeddwn i wedi dod i arfer â chael Gurnam o gwmpas. Yn yfed te yn ein cegin newydd neu'n gwylio'r teledu gydag Olwen a Mam. Roedd e wedi dod yn rhan o'n bywydau ni.

Ac roeddwn i wedi gwneud llanast o hynny.

Aeth yr wythnos yn ei blaen, ac erbyn nos Iau roedden ni'n addurno'r Ardd Gymunedol ar gyfer y Nadolig. Roedd fy hwyliau oeraidd yn cyd-fynd â'r tywydd rhewllyd, ond wnaeth hynny ddim fy rhwystro i rhag helpu. Roedd ein cymdogaeth gyfan wedi ymuno â'r gwaith, hyd yn oed pobl oedd heb fod yn rhan o'r prosiect cyn hynny. Roedd Olwen a Mam yn gosod ceirw a chorachod pren o gwmpas yr ardd, a Lois a fi yn eu gorchuddio nhw â thinsel. Yn y cyfamser, gweithiai disgyblion eraill o'n hysgol ni ar olygfa'r geni, ac roedd y dynion o'r siop sglodion yn hongian goleuadau bach.

Ar ôl i ni orffen hongian y tinsel, galwodd Mrs Rhys arnon ni i fynd draw ati.

"Mae angen eich help chi arna i," meddai.

Pwyntiodd Mrs Rhys at goed Nadolig bach. Roedden nhw tua metr o daldra a heb gael eu haddurno.

"Mae angen i ni blannu'r coed yna," esboniodd, "a'u gosod nhw o amgylch yr ardd."

Roedd golwg wedi drysu ar Lois, a dywedodd, "Ond rhai

ffug ydyn nhw. Sut fedrwn ni blannu coed ffug?"

Chwarddodd Mrs Rhys.

"Gyda rhywfaint o hud a lledrith corachod y Nadolig!" meddai gyda gwên.

Dangosodd Mrs Rhys bentwr o botiau planhigion brown i ni. Yn eu hymyl nhw roedd darnau o sbwng, wedi eu torri i ffitio'n daclus i'r potiau. Roedd berfa gerllaw wedi ei llwytho â bag mawr o raean gwyn.

"Yn gyntaf, ry'n ni'n mynd i bacio pob potyn ag ewyn," dywedodd Mrs Rhys wrthon ni.

Fe ddilynon ni ei chyfarwyddiadau hi, gan gymryd potyn yr un a'i lenwi â sbwng. Yn y cyfamser, rhoddodd Mrs Rhys bigyn metel yn ofalus i waelod pob coeden.

"Dyna chi!" meddai, gan wthio coeden i fy mhotyn i. Rhoddodd y pigyn ar waelod y goeden yn sownd wrth y sbwng.

"Nawr ry'n ni'n gorchuddio'r sbwng â graean gwyn, a dyna ni" meddai Mrs Rhys.

"A thinsel," meddai Lois. "Mae'n rhaid i ni ddefnyddio tinsel."

Nodiodd Mrs Rhys.

“Oes wir,” meddai hi. “Mae gyda ni chwistrell eira, hyd yn oed!”

Fe dreulion ni hanner awr arall yn addurno ein coed a’u chwistrellu nhw ag eira ffug. Erbyn y diwedd, roedden nhw’n edrych yn cŵl. Wrth i ni dacluso, dechreuodd pobl eraill roi’r coed gorffenedig yn eu lle. Roedd y prosiect yn edrych yn anhygoel, ac roedd popeth yn berffaith – o’r warchodfa natur i’r ardd Nadolig a golygfa’r geni.

“Waw!” meddai Lois. “Dwi’n falch iawn o hwn, wyt ti?”

Nodiais, ond roedd rhywbeth wedi tynnu fy sylw. Roedd Gurnam yn sefyll wrth y pwll, yn sgwrsio â rhywun. Trodd a fy ngweld i. Ond yn lle dod draw, fe edrychodd i ffwrdd. Roedd hynny’n brifo, ond roeddwn i’n hapus i weld Gurnam, beth bynnag. Roeddwn i eisiau mynd draw, ond fe stopiodd rhywbeth fi.

Aeth Lois a fi draw at Mam. Roedd hi yn ymyl golygfa’r geni, yn siarad â’r ficer o’n heglwys leol ni.

“Allwn ni fynd nawr?” gofynnais. “Dwi’n oer.”

Nodiodd Mam.

“Fe ddo’ i mewn munud neu ddwy,” meddai hi. “Cer i weld a yw Olwen wedi gorffen.”

Roedd mam-gu Lois yn rhoi sbwriel mewn i fagiau du

pan ddaethon ni o hyd iddi.

“Ewch ’nôl i fy nhŷ i,” awgrymodd Olwen, gan roi ei hallwedd i ni. “Fe gaf i wared o’r bagiau yma a dal i fyny â chi.”

“Allwch chi ddweud wrth Mam ein bod ni wedi mynd?” gofynnais.

“Dim problem,” meddai Olwen.

Wrth i ni adael y parc, gwelais Gurnam eto. Roedd e’n cerdded reit o’n blaenau ni, ac fe ddaliais i fyny ag e. Arhosodd Lois yn ôl, er mwyn rhoi rhywfaint o breifatrwydd i ni.

“Helô,” dywedais.

Nodiodd Gurnam ond atebodd e ddim.

“Ydych chi’n grac gyda fi?” gofynnais.

“Na,” atebodd. “Dwi ddim yn grac, Aman – dim ond yn drist. Fy mai i yw e. Ddylwn i ddim bod wedi dechrau ymwneud â dy deulu di.”

“Na, fi yw’r un ddylai fod yn sori,” dechreuais. “Dwi...”

“Dwi ddim eisiau siarad dim mwy,” dywedodd Gurnam wrtha i. “Ddim â neb. Dwi jest eisiau bod ar fy mhen fy hun.”

Cerddodd i ffwrdd yn gyflym, ond wnes i ddim ei ddilyn.

Daliodd Lois i fyny â fi.

“Mae e’n dal i fod yn ypsét?” gofynnodd.

“Ydy,” dywedais wrthi. “Mae e’n fwy nag ypsét, a dweud y gwir. Dwi’n meddwl fy mod i wedi difetha popeth. Pam wnes i agor fy ngheg fawr?”

Rhoddodd Lois ei braich trwy fy mraich i.

“Jest rho amser iddo fe,” meddai. “Mae hi’n Nadolig yr wythnos nesaf. Bydd popeth yn iawn.”

Ysgydwais fy mhen ac ateb, “Dwi ddim yn meddwl y bydd e.”

Fe ddylwn i fod wedi trio’n galetach. Fe ddylwn i fod wedi gwneud i Gurnam wrando. Efallai y gallwn i fod wedi atal yr hyn ddigwyddodd nesaf. Roedd pethau ar fin mynd yn llawer, llawer gwaeth.

11

Y diwrnod wedyn oedd diwrnod olaf yr ysgol cyn y Nadolig. Roedd e'n ddiflas – y darn gorau oedd gwylio *Scrooge* ar ôl cinio. Gartref, roedd Lois eisiau treulio amser gyda fi, ond doeddwn i ddim yn yr hwyl. Roedd fy llygaid i'n brifo ac roedd fy ymennydd i'n teimlo fel slwtsh. Y cyfan roeddwn i am ei wneud oedd gorwedd yn y gwely a chwtsho Mali.

Toc wedi saith o'r gloch, cerddodd Mam a fi i'r siop sglodion. Roeddwn i'n teimlo rywfaint yn well ac yn edrych ymlaen i gael swper. Fel arfer, roedd rhai o fechgyn yr ysgol y tu allan i'r siop. Gwenodd ambell un ohonyn nhw arna i, ac fe wenais i yn ôl. Roedd y siop sglodion dan ei sang, a'r ciw yn gorlifo i'r tu allan. Ar ôl i ni sefyll yno am rai munudau, daeth Sunny a'i ffrind tal allan o'r siop ddiodydd drws nesaf. Roedden nhw'n cario poteli bach o fodca ac yn edrych wedi meddwi. Roedd fy stumog yn corddi gan ofn.

"Esgusodwch fi," dywedodd Sunny wrth Mam.

Roedd golwg wedi drysu ar Mam.

"Mae'n flin gyda fi," meddai. "Wyt ti'n siarad â ni?"

"Ydw i, dwi yn," meddai Sunny.

Roedd e'n gwisgo hwdi du, het wlân a jîns, gyda threinyrs coch a menig llwyd. Roedd ei anadl e'n drewi o alcohol.

"Wel, dwi ddim eisiau siarad â ti. Cer o 'ma."

Edrychodd Sunny arna i a gwenu. "Eich merch chi yw hon, ie?"

Symudodd Mam i sefyll o fy mlaen i, ar bigau'r drain ac yn grac. "Cer o 'ma, ddywedais i."

"Peidiwch â cholli'ch pen, fenyw," dywedodd Sunny wrth Mam. "Dim ond gofn o'n i, yn dyfe?"

Wrth iddo ddweud 'gofyn' yn anghywir, fe simsanodd rywfaint. Gwthiodd Mam fi ymhellach tuag at ddrws y siop sglodion.

"Jest cer o 'ma," dywedodd Mam. "Cyn i fi fynd yn wirioneddol grac. Dylai fod cywilydd arnat ti – yn poenydio menywod yn gyhoeddus. Gallwn i fod yn fam i ti!"

"Hei," dywedodd Sunny, braidd yn rhy uchel. Roedd e bron fel pe bai wedi cael ei frifo gan eiriau Mam. "Dwi ddim yn *weirdo*. Dwi jest eisiau eich rhybuddio chi am y pansi yna sy'n treulio amser gyda'ch merch chi."

"Rhag dy gywilydd di!" dechreuodd Mam. Wrandawodd Sunny ddim.

"Mae'r dyn yna'n rong, chi'n fy neall i?" aeth yn ei flaen. "Gwell i chi gadw'ch plant draw oddi wrtho fe."

"Falle ein bod ni wedi ei sortio fe i chi?" meddai ffrind tal Sunny.

"Be' ti'n feddwl?" gofynnais.

"Bydd yn dawel!" dywedodd Mam wrtha i. "Fe ddelia i â hyn."

Gwelais berchennog y siop sglodion, Mario, yn plygu o dan y cownter. Roedd e'n fyr ac yn llydan, ac roedd ganddo gyhyrau enfawr a phen wedi ei siafio. Roedd ei ddyrnau wedi eu cau'n dynn wrth ei ochr, ac roedd e'n edrych yn wyllt gacwn.

"Mam...?" dywedais.

"Sssh," atebodd hithau.

"Jest cymerwch y rhybudd, yn dyfe?" meddai Sunny. "Dwi ddim yn bwriadu bod yn amharchus..."

"Mae popeth rwyt ti wedi ei ddweud yn amharchus," dywedodd Mam wrtho.

Chafodd hi ddim gorffen, achos camodd Mario y tu allan. Dilynodd cwpwl o gwsmeriaid e.

"Ti'n ocê, Jeet?" gofynnodd Mario i Mam.

"Dwi'n iawn," dywedodd Mam wrtho.

Trodd Mario at y bechgyn.

"Stopiwch fod yn boen i fy nghwsmeriaid i," meddai. "Ry'ch chi allan fan hyn drwy'r amser, yn achosi trwbl..."

"Be' ti'n mynd i 'neud am y peth?" gofynnodd y bachgen talaf, ond doedd e ddim yn swnio mor haerllug nawr. Roedd e'n edrych yn wyliadwrus o Mario. Fe ddylai e fod.

Cydiodd Mario yn ei siaced a dweud, "Wyt ti wir eisiau gwybod?"

"Cer bant!" brathodd y bachgen. "Mae hynna'n ymosod, yn dyw e?"

Cydiodd Mario yn Sunny â'i law arall. Yna gwthiodd y ddau fachgen ar hyd y pafin. Roedd y bechgyn yn esgyrnog a chafodd Mario ddim trafferth eu symud nhw.

"Y tro nesaf," rhybuddiodd Mario nhw, "Bydda i'n mynd yn grac iawn. Nawr ewch!"

Cerddodd Sunny a'i ffrind i ffwrdd yn llechwraidd, gan fwmial bygythiadau. Wnaeth Mario ddim symud tan eu bod nhw wedi hen fynd.

"Doedd dim rhaid i ti wneud hynny, Mario," meddai Mam. "Efallai y gwnân nhw gwyno wrth yr heddlu amdanat ti."

Cododd Mario ei ysgwyddau a gwenu.

“Am amddiffyn fy nghwsmeriaid a fy musnes?” meddai. “Pob lwc iddyn nhw. Ti’n ocê?”

“Ydw,” meddai Mam. “Diolch?”

“Nawr ’te, dau bysgodyn a sglodion, a sôs cyri mawr, ie?” gofynnodd Mario.

“A winwns picl,” dywedais.

“Wrth gwrs, Aman,” atebodd Mario. “Dy ffefryn di...”

Ar y ffordd adref, fe ddywedais i’r gwir wrth Mam.

“Y bechgyn yna oedd y rhai a ymosododd ar Mali,” dywedais. “Pan gwrddais i â Gurnam gyntaf.”

“Dyna *nhw*?” meddai Mam, a throdd ei hwyneb hi’n galed.

“Ie,” atebais. “Ac roedd yr un bach wrth y gurdwara yr wythnos diwethaf.”

“Yr un oedd yn sôn am Gurnam?”

Nodiais.

“Wyt ti’n gwybod ei enw fe?” gofynnodd Mam.

"Sunny," dywedais. "Felly ydyn ni'n dweud wrth yr heddlu?"

Ysgydwodd Mam ei phen.

"Na, allan nhw ddim gwneud dim byd," meddai. "A beth bynnag, dyna ddigon o ddrama am un noson."

Ond roedd mwy o ddrama ar ddod. Bum munud yn ddiweddarach, wrth i ni nesáu at ein drws ffrynt ni, brysiodd Olwen tuag aton ni.

"Diolch i Dduw!" meddai Olwen. "Fe ffoniais i ti, ond wnest ti ddim ateb!"

Roedd hi wedi ei chynhyrfu ac yn gwgu, ei bochau'n binc.

"Be' sy'n bod?" gofynnodd Mam, gan wirio'i bag. "O, dwi'n meddwl fy mod i wedi gadael fy ffôn gartref."

Teimlais ias i lawr fy asgwrn cefn ond nid oherwydd y tywydd. Roedd rhywbeth o'i le.

"Gurnam!" meddai Olwen.

Mae gwyddonwyr yn dweud bod y Ddaear yn troelli ar gyflymder o fil o filltiroedd yr awr, ond nad ydyn ni'n gallu ei deimlo. Ond cyn gynted ag y clywais i enw Gurnam, fe deimlais i. Trodd y ddaear yn jeli o dan fy nhraed. Dechreuais i faglu.

“Aman!” llefodd Olwen, a chydiodd ynof i.

Cydiodd Mam ynof i hefyd. A rhwng y ddwy ohonyn nhw fe ddechreuon nhw ffysian.

“Dwi’n ocê,” dywedais wrthyn nhw, gan anadlu’n ddwfn. “Be’ sy’ wedi digwydd i Gurnam?”

Edrychodd Olwen oddi wrtha i at Mam.

“Jest dwed wrthon ni,” dywedodd Mam. “Mae’n ocê.”

“Fe ymosododd rhywun ar Gurnam yn y parc,” dywedodd Olwen.

Dechreuais i feichio crio.

“Ydy e wedi ei anafu’n wael?” gofynnodd Mam.

“Dwi ddim yn gwybod,” meddai Olwen. “Mae yna ambiwlans a cheir heddlu...”

Cydiodd Mam yn dynnach ynof i a dweud, “Reit. Dewch i ni fynd â ti mewn yn gyntaf.”

“Na!” gwaeddais. “Dwi eisiau gweld Gurnam!”

Cymerodd Mam fy wyneb yn ei dwylo.

“Rwyt ti’n mynd i wrando arna i, fy merch i,” atebodd. “Dim dadlau!”

Fe adawodd hi fi gartref, cydio yn ei ffôn a’i hallweddi a

rhedeg i'r parc. Eisteddais yn yr ystafell fyw, yn anwybyddu ein pysgod a sglodion, oedd yn y bag o hyd. Doedd fy nghoesau i ddim yn stopio crynu. Cerddodd Mali o gwmpas, ond roedd hyd yn oed hi'n ymddangos yn ddi-hwyl. Roedd fel pe bai Mali'n gallu synhwyro fy hwyl i. Ymhen ychydig, gorweddodd wrth fy nhraed a chau ei llygaid.

Troais y teledu ymlaen ond allwn i ddim gwylio dim byd. Yna ceisiais ddarllen llyfr ond allwn i ddim canolbwyntio. Doeddwn i ddim eisiau bod gartref. Roeddwn i eisiau bod yn y parc. Roeddwn i eisiau bod gyda Gurnam...

Canodd cloch y drws. Safai Lois ar garreg y drws, yn edrych yn ddagreuol ac yn oer.

"Beth rwyt ti'n ei wneud fan hyn?" gofynnais wrth iddi ddod mewn.

"Es i i'r parc ar ôl ysgol," dywedodd Lois wrtha i. "Gyda Mai a Natalia."

Roedd y ddwy ohonyn nhw yn ein blwyddyn ni – roedd Lois yn ffrindiau gyda nhw.

"Ro'n i eisiau dangos prosiect yr Ardd Gymunedol iddyn nhw," aeth Lois yn ei blaen. "Ond pan gyrhaeddon ni yno, fe ddaethon ni o hyd i Gurnam."

"*Chi* ddaeth o hyd iddo fe?" gofynnais.

Nodiodd Lois a dechrau crio eto.

"Roedd e... roedd e... jest yn gorwedd ar y llawr. Roedd gwaed ym mhobman, ac roedd cwpwl o redwyr yn trio'i helpu fe. Roedd golygfa'r geni wedi cael ei chwalu'n ddarnau mân hefyd. Mae wedi ei difetha!"

"Anghofia am y prosiect!" atebais. "Dwed wrtha i am Gurnam."

"Mae e wedi cael ei anafu'n ddrwg," meddai Lois. "Doedd e ddim yn ymwybodol pan wnaethon ni..."

Chlywais i ddim rhagor. Roedd fy nghlustiau i'n ffrwydro a fy mhen yn powndio a fedrwn i ddim rheoli'r corddi yn fy stumog. Rhedais i'r tŷ bach a chwydu.

12

Y bore wedyn, deffrodd Mam fi. Ond doedd dim hwyl arna i. Roeddwn i'n teimlo'n ddiymadferth ac wedi blino. Fe gadwodd Mali draw, hyd yn oed, gan orwedd yn y cornel a fy ngwylio i.

"Dwi ddim eisiau'r byd heddiw," dywedais wrth Mam. "Gwna iddo fe fynd i ffwrdd."

Eisteddodd Mam a mwytho fy ngwallt i.

"Ond ro'n i'n meddwl y gallet ti ymweld â Gurnam," meddai.

Edrychais arni.

"Be' ti'n feddwl?" ychwanegodd Mam.

Eisteddais i fyny a nodio.

"Ydy e wedi cael ei anafu'n wael?" gofynnais iddi.

"Yn reit wael, ond fe fydd e'n iawn," dywedodd Mam. "Fe wnaethon nhw sgans ddoe, ac roedd e'n lwcus. Mae e'n gleisiau i gyd ac mae ei drwyn e wedi torri. Ond fe ddylai e wella."

Roedd yn codi ias arna i i feddwl am Gurnam mewn poen.

"Ddaliodd yr heddlu ei ymosodwyr e?" gofynnais.

"Ddim eto," dywedodd Mam. "Maen nhw'n trin yr ymosodiad fel trosedd casineb."

"Trosedd casineb?" dywedais. "Oherwydd ei fod e'n Asiaidd?"

Cododd Mam ei hysgwyddau a symud y gwallt oddi ar fy wyneb.

"Paid ti â phoeni am hynny am nawr," atebodd. "Jest dere i gael dy hun yn barod a chael brecwast."

Wrth i fi gael cawod, cofiais am y bachgen tal yn brolio y tu allan i siop sglodion Mario. Falle ein bod ni wedi sortio hynny i chi – dyna ddywedodd e. Oedd hynny'n golygu eu bod nhw wedi brifo Gurnam? Ond roedd y bechgyn yn Asiaid, yn union fel Gurnam. Felly sut roedd hynny'n drosedd casineb? Lawr llawr, fe gadwais fy meddyliau i fi fy hun.

"Does dim *rhaid* i ti ymweld â Gurnam," dywedodd Mam wrtha i. "Dwi am fynd beth bynnag, ond os nad wyt ti'n teimlo fel mynd..."

"Na, dwi'n iawn," dywedais wrthi.

Ond doeddwn i ddim yn iawn, ddim mewn gwirionedd.

Roedd gyda fi boen yn fy mol, ac roedd fy mhen i'n teimlo'n ysgafn. Roeddwn i prin wedi cyffwrdd fy nhost a fy sudd oren.

"Wyt ti'n siŵr?" gofynnodd Mam.

"Ydw," dywedais wrthi.

Pan gyrhaeddon ni'r ysbyty, aeth y boen yn fy mol yn waeth. Ac yn y lifft, roeddwn i eisiau chwydu. Roedd ysbytai yn fy atgoffa i o Dad. Roeddwn i'n cofio am yr holl ymweliadau i'w weld e ar ôl ysgol, ac arogl yr ysbyty. Nawr roeddwn i'n ymweld â Gurnam. Roedd rhan ohona i eisiau dianc. Er mwyn peidio â gweld ysbyty arall byth eto.

Ar ôl cyrraedd ward Gurnam, roedd yn rhaid i ni aros. Rhoddodd y nyrs wên gynnes i ni ac aeth â ni i'r ystafell deulu.

"Mae ymwelydd gyda fe yn barod," meddai'r nyrs.

"O," meddai Mam. "Tybed ai Olwen sy' 'ma?"

Atebodd y nyrs ddim. Edrychodd ar ei horiawr a gadael. Roedd yr ystafell aros yn ddi-raen, gyda hen gylchgronau yn mhobman. Roedd y cadeiriau'n hen a simsan, ac roedd y ffenest yn frwnt. Fe eisteddon ni mewn tawelwch, ac fe geisiais beidio â meddwl am Dad.

Eiliadau yn ddiweddarach, cerddodd swyddog yr heddlu i mewn. Cyfarchodd hi a Mam ei gilydd.

"Dyma PC Morgan," dywedodd Mam wrtha i. "Fe gwrddon ni ddoe. Fe atebais i rai cwestiynau ynglŷn â Gurnam."

"Ydych chi wedi dal ei ymosodwyr e?" gofynnais.

Ysgydwodd PC Morgan ei phen. Roedd hi'n dal, ac roedd ganddi ysgwyddau llydan a gwallt golau syth. Pan oedd hi'n gwenu, roedd ei gwên hi'n garedig ac yn ddiffuant.

"Dim eto," atebodd PC Morgan. "Welodd Gurnam mo'r bobl a ymosododd arno, ond mae gyda ni ddau lygad dyst a ddaeth o hyd iddo fe. Jeet, allwn i ofyn ambell gwestiwn i'ch merch chi?"

Dywedodd Mam wrthi bod hynny'n iawn.

"Felly, *Miss*..." gofynnodd PC Morgan.

"Aman," dywedais.

"Felly, Aman," atebodd PC Morgan. "Fedri di ddweud wrthon ni ynglŷn â Mr Singh – ynglŷn ag unrhyw fygythiadau y gallai e fod wedi eu cael?"

Rhoddodd Mam bwniad bach i fi a dweud, "Y bechgyn o'r parc."

Edrychais ar Mam a chydio'n dynn yn fy sedd. Allwn i ddim dweud dim byd.

"Dere 'mlaen, Aman," dywedodd Mam. "Dim ond trio helpu Gurnam – a dy helpu di – mae PC Morgan."

Meddyliais am y tro cyntaf i fi gwrdd â Gurnam.

"Fe driodd y bechgyn ymosod arna i yn y parc," dywedais o'r diwedd. "Fi a fy nghi Mali. Fe achubodd Gurnam ni."

"Faint o fechgyn oedd yno?" gofynnodd PC Morgan.

"Dau," atebais. "Mae un yn dal, â barf fach. Mae'r llall yn llai ac mae ganddo blorod. Ei enw fe yw Sunny."

"O'r gorau," meddai PC Morgan. "Mae hynny'n dda. Fedri di ddweud unrhyw beth arall wrtha i amdanyn nhw – beth roedden nhw'n ei wisgo, os wyt ti wedi eu gweld nhw yn rhywle arall?"

"Maen nhw wastad yn gwisgo jîns a siacedi puffa, ac maen nhw'n treulio'u hamser y tu allan i'r siopau yn agos at ein tŷ ni hefyd. Maen nhw'n codi ofn arna i."

"Faint yw eu hoed nhw?" gofynnodd PC Morgan.

Codais fy ysgwyddau. "Yn hŷn na fi – falle un deg saith neu un deg wyth?"

"Ardderchog," meddai PC Morgan. "Ac wyt ti erioed wedi eu clywed nhw'n bygwth Mr Singh?"

Nodiais.

"Y ddau dro," dywedais.

"Roedd mwy nag un digwyddiad?" gofynnodd PC Morgan.

"Oedd," atebais. "Dro arall fe drion nhw fy mygio i a fy ffrind gorau yn y parc, ond fe stopiodd Gurnam nhw."

"*Eto?*" gwichiodd Mam.

Bron i fi chwerthin.

"Ie, eto," dywedais.

"Sut wnaeth Mr Singh eu stopio nhw?" gofynnodd PC Morgan.

Edrychais ar Mam. Doeddwn i ddim eisiau i Gurnam fod mewn trwbl. Roedd e wedi bygwth y bechgyn, ond doeddwn i ddim eisiau datgelu hynny.

"Bydd yn onest, Aman," dywedodd Mam. "Mae hi'n iawn. Jest dwed y gwir."

Llyncais.

"Ym..." dechreuais. "Dywedodd Gurnam wrthyn nhw am fynd i ffwrdd. Ac ym..."

"Cer yn dy flaen..." dywedodd Mam.

"Wnaeth e ddim byd ond rhoi rhybudd i'r bechgyn," dywedais. "Wnaeth e ddim ymosod arnyn nhw na dim!"

Roeddwn i'n dechrau cael fy nghorddi. Roeddwn i'n dal i feddwl y byddai Gurnam yn cael y bai am yr hyn ddigwyddodd. Fel pe bai'r bechgyn ond wedi ymosod arno oherwydd ei fod e wedi eu bygwth nhw.

"Gwranda," meddai PC Morgan, gan gyrcydu o fy mlaen i. "Dwi'n gwybod dy fod di'n poeni, ond dydy Mr Singh ddim mewn unrhyw drwbwl, ocê?"

Nodiais, ond doeddwn i ddim yn ei chredu hi.

"Mae hon yn drosedd gasineb faleisus," ychwanegodd PC Morgan. "Mae angen i ni stopio'r troseddwyr cyn iddyn nhw ymosod ar..."

"Ond dydy hi *ddim* yn drosedd gasineb," dywedais yn grac. "Mae'r bechgyn yn Asiaid, yn union fel Gurnam."

Ysgydwodd PC Morgan ei phen, a phesychodd Mam.

"Aman," meddai Mam. "Wnaethon nhw ddim ymosod ar Gurnam oherwydd ei hil e. Fe ymosodon nhw arno fe oherwydd ei fod e'n hoyw."

13

Syllais ar Mam a PC Morgan.

"Hoyw?" dywedais. "Mae Gurnam yn hoyw?"

Nodiodd Mam ac eistedd yn fy ymyl.

"Fe ddywedodd e wrtha i ac Olwen," datgelodd Mam. "Ond doedd e ddim eisiau i neb arall wybod. Am wn i nad oes ots nawr."

Ysgydwais fy mhen. Pam nad oedd Gurnam wedi dweud wrtha i? Fe fyddwn i wedi deall.

"Wnaeth y bechgyn ymosod ar Gurnam yn eiriol?" gofynnodd PC Morgan i fi. "Ddywedon nhw rhywbeth oedd hyd yn oed y mymryn lleiaf yn homoffobaidd?"

Ysgydwais fy mhen a meddwl am eiliad, ac yna fe ddywedais wrthi, "Naddo."

Ac yna fe gofiais rhywbeth o'r gurdwara.

"Ond mae rhywbeth arall," dywedais. "Fe welais i Sunny yn y deml Sikh, yn siarad â rhyw bobl. Fe ddywedodd fod Gurnam yn gas a'i fod e'n annaturiol. Gallai hynny fod yn homoffobaidd, yn gallai?"

Gwnaeth PC Morgan rywfaint o nodiadau, gan nodio wrth iddi ysgrifennu.

"Gallai hynny fod o help," dywedodd wrtha i.

Ychydig yn ddiweddarach, gadawodd PC Morgan yr ysbyty. Yna dywedodd nyrs wrthon ni y gallen ni weld Gurnam. Yn y coridor, cerddodd merch Asiaidd ifanc tuag aton ni. Roedd golwg ypsét arni, felly pan edrychodd hi arna i fe wenais. Roedd ganddi lygaid brown golau hyfryd â brychni gwyrdd ynddyn nhw.

Roedden nhw'n fy atgoffa i o rywun, ac fe gliciodd rhywbeth yn fy mhen i.

"Arhoswch!" galwodd rhywun o'r tu ôl i ni.

Olwen oedd yno, yn cario tusw o flodau â'i gwynt yn ei dwrn. Roedd ei hwyneb hi'n goch.

"Y blymin grisiau yna!" meddai Olwen. "Roedd y lifft yn llawn, felly fe feddyliais i y byddwn i'n cael rhywfaint o ymarfer corff. Byth eto!"

Aeth Olwen, Mam a fi i mewn i'r ward. Roedd gwely Gurnam ar bwys y drws, ac roedd naw gwely arall. Roedd y gwelyau i gyd yn llawn, ond Gurnam oedd yr unig glaf Asiaidd.

“Dwi eisiau mynd i’r tŷ bach,” dywedais wrth Mam.

“O’r gorau,” atebodd hithau. “Byddwn ni gyda Gurnam.”

Trois a brysio allan. Roedd y ferch Asiaidd ifanc yn dal yno, yn aros am y lifft. Welodd hi mohona i a symudodd tuag at y grisiau.

“Esgusodwch fi!” galwais ar ei hôl hi.

Ond arhosodd y ferch ddim. Rhedais at y grisiau a galw eto.

“Fe ddaethoch chi i weld Gurnam,” gwaeddais. “Plis, arhoswch!”

Arhosodd y ferch a syllu arna i. Roedd ei llygaid hi’n union fel rhai Gurnam, a’i gwg hi hefyd.

“Pwy wyt ti?” gofynnodd y ferch wrth i fi ei chyrraedd hi.

“Aman yw fy enw i,” atebais. “Mae Gurnam yn dad i chi yn tydy?”

Rhoddodd y ferch wên drist i fi.

“Yw hi mor amlwg â *hynny*?” gofynnodd.

Nodiais.

“Mae gyda chi yr un llygaid,” atebais.

"Sut rwyt ti'n 'nabod fy nhad i?" gofynnodd merch Gurnam.

"Ry'n ni'n gymdogion," dywedais wrthi. "Ac mae e'n ffrind i fi hefyd. Allwch chi ddweud wrtha i amdano fe?"

Gwgodd hi. Roedd hi yr un taldra â'i thad, ac yn denau. Roedd ei gwallt hi'n dywyll ac yn fyr, ac fe wisgai ffrog jyrsi lwyd a bŵts du. Roedd bag gliniadur yn hongian wrth ei hochr, ac roedd arogl persawr melys arni.

"Dweud wrthot ti ynglŷn â beth?" gofynnodd. Doedd hi ddim yn swnio'n amheus, ddim ond yn chwilfrydig.

"Ynglŷn â pham y gadawodd e," dywedais. "A pham mae e mor drist."

Gwgodd hi arna i eto a dweud wrtha i, "Rwyt ti'n hyderus iawn."

"Dwi'n poeni amdano fe," dywedais.

Ochneidiodd y ferch.

"Ti *a* fi, 'merch i," atebodd. "Ria ydw i, gyda llaw."

Ychydig yn ddiweddarach, cerddodd Ria a fi mewn i'r ward gyda'n gilydd. Pan welodd Gurnam ni, doedd e ddim yn gallu cuddio'i syndod.

"Hei!" dywedais, gan redeg draw i roi cwtsh iddo.

Cydiodd Gurnam yn dynn ynof i a ffluwchio fy ngwallt. Roedd ei lygaid a'i fochau e wedi cleisio, roedd cwt ar ei wefus ac roedd plaster mawr yn gorchuddio'i drwyn.

"Aman!" meddai Gurnam, ei drwyn yn swnio'n llawn. "Dwi'n gweld dy fod di wedi cwrdd â fy merch i."

Edrychai Mam ac Olwen yn ddryslyd, felly fe esboniais i pwy oedd Ria. Safodd Mam ar ei thraed ac ysgwyd ei llaw.

"Pleser cwrdd â ti, Ria," meddai.

"A chithau," atebodd Ria.

Fe eisteddon ni a sgwrsio, a minnau'n eistedd ar wely Gurnam, nes bod amser ymweld ar ben. Ddywedon ni ddim llawer ynglŷn â'r ymosodiad nac am deulu Gurnam – dim ond siarad am stwff arferol. Wedyn, roedd Ria ar fin gadael yr ysbyty, ond gofynnodd Mam iddi aros.

"Dwi ddim eisiau dy boeni di," meddai Mam, "ond fe ddylen ni siarad ynglŷn â sut i helpu dy dad."

Edrychodd Ria arna i a gwenu.

"Dwi'n gweld o ble rwyt ti'n ei gael e," dywedodd Ria wrtha i.

"Falle y gallet ti ymuno â ni am swper?" meddai Mam.

Ysgydwodd Ria ei phen.

"Dwi'n byw yn Llundain," dywedodd wrthon ni, "ac mae angen i fi fynd yn ôl."

"Plis?" ymbiliais. "Mae ein hangen ni ar Gurnam, Ria."

Meddyliodd hi am eiliad, yna cododd ei hysgwyddau.

"O'r gorau," dywedodd Ria. "Ond mae angen i fi wneud galwad ffôn a chael allweddi Dad. Bydd angen i fi aros dros nos."

Ysgydwodd Mam ei phen.

"Does dim angen," dywedodd wrth Ria. "Mae gyda ni ddigonedd o le i ti aros."

Yn ddiweddarach y noson honno, ar ôl i Mam a Ria siarad, fe gnociais i ar ddrws yr ystafell sbâr. Roedd Mali yn fy mreichiau.

"Ro'n i'n meddwl tybed pryd byddet ti'n dod yma," meddai Ria gan dynnu fy nghoes. Roedd hi'n eistedd wrth y ddesg â'i gliniadur ar agor.

Daliais Mali i fyny a dweud, "Fe ddes i â chi bach..."

"Wel, mae honna'n lwgrwobr sy'n werth ei chymryd," meddai Ria. Cydiodd yn Mali a rhoi cwtsh iddi. Roedd Mali'n hoffi Ria, ac roedd hi wedi bod yn ei dilyn o gwmpas ac wedi eistedd ar ei chôl, hyd yn oed, ar ôl swper.

Eisteddais ar y gwely sbâr, a chaeodd Ria ei gliniadur.

“Beth fedra i ddweud wrthot ti?” gofynnodd Ria.

Meddyliais am eiliad. Yn ystod swper, roedd Ria wedi esbonio gorffennol Gurnam. Sut y bu rhaid iddo guddio’i rywioldeb oddi wrth ei deulu. Sut y priododd ddynes ddim ond er mwyn cadw ei rieni’n hapus.

“Oeddech chi’n teimlo’n grac pan adawodd e?” gofynnais i Ria nawr.

“Nag oeddwn,” meddai hi. “Dwi’n meddwl fy mod i’n gwybod ei fod e’n hoyw. Roedd e jest yn ymddangos yn rhyfedd nad oedd e a Mam yn siarad a bod gyda nhw ystafelloedd gwely ar wahân. Roedd Dad mor anhapus drwy’r amser.”

“Ond fe ddywedodd e fod pawb wedi ei feirniadu fe,” dywedais.

Nodiodd Ria. Roedd hi’n gwisgo hen byjamas Mam ac roedd hi’n edrych yn flinedig. Swatiodd Mali’n glyd ar ei gobennydd a mynd i gysgu.

“Roedd llawer o bobl *yn* ei feirniadu fe,” atebodd Ria. “Ac maen nhw’n parhau i wneud. Fi oedd yr unig un yn fy nghymuned i oedd yn dal i fod eisiau perthynas ag e. Ond fe ddiflannodd e. Ac ro'n i'n poeni gymaint..."

"I ble'r aeth e?" gofynnais.

"I deithio – dw i ddim yn gwybod i ble," atebodd Ria. "Roedd Dad eisiau bod ar ei ben ei hun, oddi wrth bawb. Pan ddaeth e allan yn hoyw, fe achosodd sgandal enfawr ac fe stopiodd ei ffrindiau siarad ag e. Roedd Mam yn ymddwyn fel pe bai e wedi marw."

"Fe ddywedodd Gurnam wrtha i fod ganddo un ffrind agos," atebais.

"Kully fyddai hwnnw," dywedodd Ria. "Fe dyfodd Dad a Kully i fyny gyda'i gilydd. Ond ar ôl yr hyn ddigwyddodd, fe newidiodd hynny."

Meddyliais am Lois ac am beidio â siarad â hi eto. Allwn i jest ddim dychmygu hynny.

"Felly sut ddaethoch chi o hyd i'ch tad eto?" gofynnais.

"Fe gysylltodd e â fi ar Facebook rhyw dri mis yn ôl," atebodd Ria. "Roedd e wedi cael cyfnod gwael arall, ac fe awgrymodd ei gwnselydd wrtho am wneud."

"Cyfnod gwael?" dywedais.

Nodiodd Ria'n ddigalon.

"Fe geisiodd e ei ladd ei hun," dywedodd wrtha i.

Llenwodd fy llygaid â dagrau.

"Mae'n wir ddrwg gyda fi," dywedodd Ria. "Ddylwn i ddim bod wedi dweud. Falle dy fod di'n rhy ifanc..."

Ysgydwais fy mhen.

"Na," dywedais wrthi. "Dwi wedi cael llond bol ar bobl yn peidio â dweud pethau wrtha i."

"Mae e'n golygu llawer i ti, yn tydy?" meddai Ria.

"Mae'n anodd esbonio," dywedais wrthi. "Buodd fy nhad farw ychydig yn ôl, a dwi wedi bod yn drist byth ers hynny. Mae e fel pe bai twll enfawr yn fy mywyd i. Fe lenwodd Gurnam y gwagle hwnnw, mewn ffordd..."

Roedd fy ngeiriau'n swnio'n rhyfedd a gwirion a phlentynnaidd.

"O, Aman," meddai Ria. "Mae hynna'n..."

Ond orffennodd hi mo'i brawddeg, felly fe ychwanegais i, "Fedra i ddim esbonio cymaint dwi am i Gurnam aros o gwmpas. Doedd Dad ddim yn gallu aros – ond mae Gurnam yn gallu, a dwi eisiau iddo fe wneud. Ond chi yw ei ferch e, felly chi ddylai fod yr un i ddweud wrtho."

"Dweud beth wrtho fe?" gofynnodd Ria.

"Dweud wrtho bod gyda fe reswm i aros," atebais. "Mae angen *rheswm* arno fe."

"Rheswm?"

"I *fod*," atebais.

14

Fe arhosodd Ria yn ein tŷ ni am noson arall, cyn dychwelyd i'w bywyd yn Llundain. Fe addawodd ddod 'nôl ar gyfer Gŵyl San Steffan bum niwrnod yn ddiweddarach. Ar ôl i Ria fynd, es i i helpu ailadeiladu'r Ardd Gymunedol. Roedd yr agoriad mawr wedi cael ei ohirio tan fis Ionawr, ond doedd neb eisiau aros mor hir â hynny. Roedd pawb eisiau iddo fod yn barod erbyn y Nadolig. Roedd gyda ni bedwar diwrnod i'w gwblhau, ac roedden ni'n gweithio'n galed.

Gadawodd Gurnam yr ysbyty ar y 23ain o Ragfyr ac aeth Mam ag ef gartref yn ein car ni. Ar ôl cinio, daeth Gurnam draw i'r parc. Roedd e'n edrych yn well, ond roedd ei lygaid wedi cleisio ac wedi chwyddo o hyd. Buodd Mam ac Olwen yn ffysian drosto tan iddyn nhw fynd ar ei nerfau.

"Dwi'n iawn!" dywedodd Gurnam wrthyn nhw. "Ry'ch chi'n fwy tebygol o fy lladd i na'r twpsod yna!"

Gwenodd Olwen a'i alw'n hen ddiawl blin. Gwenodd Gurnam.

"Am wn i mai dyna'n *union* rydw i," atebodd.

Doedd Gurnam a fi ddim wir wedi siarad am Ria a'i

orffennol, ond fe wnes i'n iawn am hynny. Arhosais iddo gymryd hoe o'r prosiect a mynd am dro, ac yna fe ddaliais i fyny ag e.

"Fe ddylech chi fod wedi dweud wrtha i," dywedais. "Eich bod chi'n hoyw."

"Doeddwn i ddim yn gweld y pwynt," atebodd Gurnam. "Dydy e ddim yn beth mawr."

"Ond mae e *wedi* bod yn beth mawr," dywedais wrtho. "I *chi*. Rydych chi wedi bod yn cuddio pwy ydych chi go iawn am y rhan fwyaf o'ch bywyd."

"Ond dydy e ddim ynglŷn â hynny'n unig," meddai. "Fe wnes i adael Ria a'r lleill ar ôl. Roeddwn i'n llwfrgi a..."

"Na," atebais. "Dy'ch chi ddim yn llwfrgi. Roedd yr hyn wnaethoch chi yn anodd i bawb, ond..."

"Bydda i'n chwe deg ddydd Nadolig," dywedodd Gurnam wrtha i. "A dwi'n teimlo fel pe bawn i erioed wedi byw."

"Mae gyda chi eich plant," dywedais.

"Mae gyda fi Ria," atebodd. "Dydy gweddill fy mhlant i ddim eisiau gwybod amdana i."

"Ond beth pe baech chi'n trio siarad â nhw?" gofynnais. "Dwi'n siŵr y bydden nhw'n deall bod pethau'n wahanol pan oeddech chi'n ifanc... hynny yw, doedd gyda chi ddim dewis."

Ysgydwodd ei ben.

"Fe siaradodd Ria â nhw," datgelodd. "Ar ôl yr ymosodiad. Fe ddywedodd fy mhlant eraill wrthi y byddai'n well pe bawn i'n farw."

Doedd gyda fi ddim byd i'w ddweud. Wnes i ddim byd ond sefyll a syllu ar Gurnam. Sut gallen nhw feddwl hynny? Fe oedd eu tad nhw – waeth beth roedd e wedi ei wneud na phwy oedd e go iawn.

"Mae'n ocê, Aman," meddai Gurnam. "Mae hi'n well fel hyn. O leiaf dydy fy mywyd i ddim yn ffug mwyach. Wel, yr hyn sy'n weddill ohono..."

Fe gerddon ni at ymyl y parc mewn tawelwch. Pan gyrhaeddon ni'n ôl, roedd Olwen yn dosbarthu rholiau selsig i bawb.

"Ble y'ch chi'ch dau wedi bod?" gofynnodd.

"O, ti'n gwybod," dywedodd Gurnam. "Rhoi'r byd yn ei le."

Dywedais wrtho fod Mam wedi archebu twrci a chig oen ar gyfer dydd Nadolig.

"Gobeithio eich bod chi'n bwyta llawer," ychwanegais.

“Mae Mam wastad yn gwneud gormod o fwyd o lawer. Gallwch chi gael yr hyn fydd dros ben fel anrheg pen-blwydd!”

“Dwi’n hoffi bwyd dros ben,” atebodd Gurnam.

Gwenodd, ond roedd ei lygaid e’n bell eto, fel pe bai ei feddwl e’n rhywle arall.

“Ac mae Ria’n ymweld ar Ŵyl San Steffan,” dywedais. “Felly bydd hynny’n hyfryd.”

“Fe ffoniodd Ria fi’r bore ’ma,” dywedodd Gurnam wrtha i. “Mae hi’n dy hoffi di. Fe ddywedodd hi dy fod di’n ferch ifanc hyfryd â chalon dda.”

Roeddwn i’n teimlo cywilydd a gorfod i fi droi i ffwrdd.

“Mae hi’n iawn hefyd,” ychwanegodd Gurnam. “Defnyddia’r galon yna i dy helpu dy hun, Aman. I ailadeiladu dy fywyd dy hun. Dwi’n hen ddyn, ond mae gyda ti dy fywyd i gyd o dy flaen.”

Ysgydwais fy mhen.

“Peidiwch â bod yn rwdlyn,” dywedais wrtho. “Dim ond chwe deg ydych chi. Mae Olwen yn dweud mai chwe deg yw’r pedwar deg newydd!”

Rhoddodd chwerthiniad bach, ond arhosodd ei lygaid yn bell.

* * *

Noswyl Nadolig, casglais ynghyd yr anrhegion roedd Mam a fi wedi eu cael i Gurnam: bocs tŵls a thŵls newydd sbon, fflachlamp, menig gwaith a llyfr am Glwb Pêl-droed Caerdydd. Fedrwn i ddim aros i'w weld e'n eu hagor nhw i gyd. Ond yn gyntaf roedd angen i ni eu lapio nhw.

"Rheol rhif saith yn y llawlyfr plentyn a rhiant," dywedais wrth Mam. "Bydd y rhiant yn lapio'r holl anrhegion a bydd y plentyn yn gwylio ac yn mynd ar ei nerfau."

Taflodd Mam y tâp selo ata i.

"Rheol rhif un," atebodd hithau. "Fydd y plentyn digywilydd ddim yn cael anrheg gan Siôn Corn."

"Ie, reit," dywedais, gan rolio fy llygaid. "Af i i baratoi'r moron ar gyfer Rwdolff!"

Fe dreulion ni Noswyl Nadolig i gyd yn chwarae gemau, yn bwyta danteithion ac yn gwylio ffilmiau ar y teledu. Daeth Olwen draw â gwin, ac fe feddwodd hi a Mam ychydig bach. Erbyn 11 yr hwyr roedd y ddwy'n cysgu yn yr ystafell fyw. Fedrwn i ddim dod o hyd i ddim byd gwerth ei wylio ar y teledu, felly fe ddiffoddais i fe a mynd i fyny i fy ystafell. Roedd Mali'n gorwedd ar fy ngwely ac roedd hithau'n cysgu hefyd. Doeddwn i ddim eisiau tarfu arni, felly fe es i â fy llyfr a mynd 'nôl lawr llawr. Eisteddais yn y gegin a darllen.

Roedd hi newydd droi hanner nos pan glywais i ffôn Mam yn dirgrynu yn ei bag. Tynnais y ffôn allan a mynd i'r ystafell fyw i'w roi iddi. Ond roedd Mam yn dal yn cysgu'n sownd ac yn chwyrnu'n ysgafn. Yna dirgrynodd y ffôn eto a gwelais fod neges destun wedi cyrraedd. Wrth i fi ddarllen y neges, rhewodd fy holl fyd.

Mae'n ddrwg gyda fi, Jeet, wir. Dwi jest yn hen ddyn hunanol, twp a gwirion. Dwi wedi brifo pawb o fy nghwmpas i. Fedra i ddim brifo neb arall. Dwed wrth Aman fy mod i'n ymddiheuro. Dwed wrthi nad oes bai arni hi. Dwed wrthi 'mod i'n ei charu hi...

Gurnam x

15

Wnes i ddim ond aros i gydio mewn un peth. Yna es ar frys draw i dŷ Gurnam. Dechreuais guro ar y drws a gweiddi ei enw, ond wnaeth e ddim ateb.

Mewn panig, es i rownd yr ochr. Roedd ei giât heb ei chloi, ac fe redais i mewn i'w ardd e.

Roedd y tŷ yn dywyll, ond roedd golau'r garej ynghynn. Rhoddais dro i handlen drws y garej, ond roedd e wedi ei gloi.

"*Gurnam*!" gwaeddais. Roedd fy nghalon ar ras, ac roedd fy mhen yn curo.

Roedd y drws yn un hanner pren, hanner gwydr barugog. Gwelais siâp tywyll person – rhaid mai Gurnam oedd e. Roedd e'n sefyll yn llonydd ar bwys rhywbeth.

"*Gurnam*!" sgrechiais. "*Plis*!"

Ond symudodd e ddim. Daeth goleuadau'r tŷ drws nesaf ymlaen, ac fe glywais rywun yn agor ffenest. Am wn i roedd fy sgrechiadau i wedi eu deffro nhw, ond doedd dim ots gyda fi. Estynnais i fy mhoced a chymerais allan y peth roeddwn i wedi cydio ynddo 'nôl gartref: fy llythyr at Dad.

"Jest arhoswch, Gurnam!" gwaeddais trwy wydr drws y garej. "Plis, jest gwrandewch arna i. Dwi'n erfyn arnoch chi!"

Teimlais smotiau o eirlaw yn dechrau fy mhledu, ac fe grynodd fy nghoesau gan oerfel ac ofn. Dechreuais ddarllen, gan weddïo y byddai Gurnam yn fy nghlywed i...

Dwi ddim eisiau i ti adael. Fedra i ddim dychmygu fy mywyd i hebddot ti, Dad. Dwi ddim eisiau byw y bywyd hwnnw. Dwi eisiau fy nhad yn ôl. Yr un oedd yn fy nghwtsho i pan oeddwn i'n crio, yr un oedd yn darllen straeon nos da i fi. Dwi eisiau'r Dad sy'n arogli o sbeisys cyri a chwrw ac a ddysgodd fi i reidio beic.

A dwi eisiau i dy boen di ddiflannu. Dwi eisiau hudlath y gallaf ei chwifio er mwyn i ti wella. Ond does dim hudlath gyda fi, Dad. Dim ond fi sydd gyda fi. Galla i dy gwtsho di a gwneud popeth yn well, yn union fel roeddet ti'n arfer gwneud. Fe wna i, Dad, fe wna i i'r cyfan ddiflannu. Dim ond un cyfle arall. Plis, ga i hynny, Dad? Ga i'r cyfle hwnnw?

Dwi eisiau i ti aros, os galli di. Dwi eisiau i ti ddal dy afael. Plis, Dad. Mae angen mwy o amser arna i. Dim ond ychydig bach mwy o amser. Fedri di jest dal dy afael? Dwi'n gwybod nad ydw i'n dda iawn gyda geiriau, a dwi'n gwybod na fedra i newid unrhyw beth, ond galla i ddweud wrthot ti beth dwi eisiau.

Dwi eisiau i ti aros, Dad. Dwi eisiau i ti aros. Ddim ond am ychydig, os nad dim byd arall. Ddim ond yn ddigon hir i wybod fy mod i'n dy garu di. Fedri di drio, Dad? Fedri di drio, i fi? Dwi'n addo wna i fyth ofyn am ddim byd arall, byth eto.

Dwi jest eisiau i ti aros fymryn eto.

Gallwn i glywed Mam ac Olwen yn gweiddi fy enw. Gallwn i glywed seiren car heddlu yn sgrechian rywle gerllaw. Ond doedd dim o hynny'n bwysig mwyach. Roedd e fel pe bawn i y tu mewn i swigen, gyda phopeth arall yn digwydd y tu allan. Popeth oni bai am Gurnam a drws y garej yna, a'r hyn oedd yn gorwedd y tu hwnt iddo. Mae'n rhaid nad oeddwn i'n sefyll yno mor hir â hynny, ond fe deimlai fel tragwyddoldeb. Roedd fy nghalon yn teimlo fel pe bai ar fin ffrwydro. Ac yna fe glywais y clo'n agor gyda chlic...

Safai Gurnam yn y drws. Roedd ei lygaid yn goch a'i fochau'n wag. Y tu ôl iddo roedd... a dweud y gwir, dwi ddim eisiau meddwl am yr hyn welais i y tu ôl iddo. Dwi ddim eisiau dweud. Mae hi wir yn well peidio â sôn am rai pethau...

Sychodd Gurnam ei ddagrau â llaw gyhyrog. Estynnais fy llaw fy hun, ac fe'i cymerodd.

"Dewch 'mlaen," dywedais, wrth i Mam redeg i'r ardd.

"Ond mae hi'n ddydd Nadolig," dywedodd Gurnam.

"A dwi wedi ei ddifetha fe i ti..."

"Anghofiwch am y Nadolig," atebais. "Gall y Nadolig aros. Fe wnewn ni aros amdanoch chi. Nes byddwch chi'n well..."

Ddywedodd Gurnam ddim gair. Estynnodd fys a sychu deigryn oddi ar fy wyneb.

Daeth swyddog yr heddlu aton ni, â pharafeddyg yn agos y tu ôl iddo. Fe roddon nhw flanced o amgylch Gurnam a'i arwain e i ffwrdd.

"Pen-blwydd hapus, Tad-cu," sibrydais wrtho.

Rhoddodd Mam ei braich o fy nghwmpas.

"Dere 'mlaen," dywedodd. "Dere i ni fynd o'r oerfel."

EPILOG

Dydd Sadwrn cyntaf mis Mawrth, aeth y goeden Nadolig 'nôl i fyny. Fe'i haddurnais i hi ag addurniadau a thinsel, a daeth Olwen o hyd i hen Santas siocled i'w hongian. Doedd e ddim cweit yr un fath â'r Nadolig, ond roedd e'n fwy arbennig o lawer. O'r diwedd, fe osodais anrhegion Gurnam o dan y goeden ac eistedd yn ôl i edmygu fy ngwaith.

"Mae hi'n edrych yn hyfryd," meddai Olwen. "A jest mewn pryd hefyd."

Arhosodd car Mam y tu allan. Rhuthrais at y ffenest, fel roeddwn i'n gwneud pan oeddwn i'n blentyn, pan gyrhaeddai Dad gartref.

"Mae e yma!" dywedais yn llawn cyffro.

"Ac yn edrych mor dda, hefyd," ychwanegodd Olwen.

Ar ôl digwyddiadau ofnadwy y Nadolig go iawn, roedd Gurnam wedi cael niwmonia ac wedi treulio mis yn yr ysbyty. Dim ond unwaith roeddwn i wedi ei weld e – ei ddewis e, nid fy newis i. Ond roeddwn i'n barod i roi amser iddo gael ei wynt ato, achos roedd angen hynny arno. Roeddwn i'n gweld ei eisiau yn fawr, ond roedd e'n saff ac yn gwella. Dyna'r peth pwysicaf.

Wedi hynny, aeth Ria â fe i Lundain, i aros gyda hi. Roedd hi'n ffonio ni unwaith yr wythnos, i ddweud bod Gurnam yn dda a'i fod e'n gofyn amdana i. Ond wnes i ddim siarad â fe o gwbl. Roeddwn i'n ansicr a doeddwn i ddim eisiau ei ypsetio fe. Felly, fe arhosais i amdano, yn union fel y gwnes i addo ar Noswyl Nadolig. A nawr, roedd e 'nôl...

Oedais wrth y drws. Wyddwn i ddim beth i'w wneud. Roedd Gurnam yn debycach iddo fe'i hun. Roedd e'n edrych yn iach ac yn hapus, ac roedd ei lygaid e'n pefrio mewn ffordd na welais i o'r blaen. Estynnodd ei law.

"Helô, Aman," dywedodd.

Gwenais a chymryd ei law.

"Helô..."

Cydiodd Mam yn ei law arall, ac fe aethon ni â fe i mewn.

Yn ddiweddarach, wrth i Olwen a Mam glirio, es i i nôl gwydraid o ddŵr i Gurnam. Dywedodd e wrtha i am eistedd.

"Dwi eisiau diolch i ti," dywedodd. "Fe wnest ti fy achub i..."

Doeddwn i ddim eisiau crio, ond allwn i ddim peidio. Edrychais i ffwrdd a sychu fy llygaid. Roedd Gurnam wedi fy achub i hefyd – roedd e wedi llenwi twll mawr yn fy nghalon i.

"Roeddwn i wedi colli pob gobaith tan i fi gwrdd â ti a Jeet," ychwanegodd. "Olwen, hefyd. Roeddwn i wedi cael llond bol ar fywyd. Doeddwn i ddim yn credu bod gyda fi unrhyw beth i fyw er ei fwyn – ddim Ria, hyd yn oed."

"Ai dyna pam?" gofynnais iddo. "Adeg y Nadolig, pan wnaethoch chi..."

Nodiodd Gurnam.

"Dyna oedd y gwaelod isaf un," esboniodd. "Ond ar ôl i ti ddarllen y geiriau yna, Aman..."

Llyncodd a chymryd llymaid o ddŵr.

"Fe newidiodd dy eiriau di rhywbeth y tu mewn i fi," aeth yn ei flaen. "Fe roddon nhw reswm i fi..."

"I *fod*..." sibrydais.

"Ie," atebodd. "Nawr mae gyda fi rhywbeth i fyw er ei fwyn."

"Beth yw hynny?"

Gwenodd, a gwnaeth y cynhesrwydd yn ei lygaid i fi wenu hefyd.

"Ti'n tyfu i fyny," atebodd. "Ria a'i phartner yn priodi. Teulu..."

"Felly, ry'ch chi'n mynd i aros?"

"Dim ond mymryn eto," dywedodd. "Os yw hynny'n iawn gyda ti?"

Cymerais ei law yn fy llaw i a nodio.

"Croeso gartref, Tad-cu," atebais.